HUMOR GRÁFICO NA ALFABETIZAÇÃO VISUAL

Conselho Acadêmico
Ataliba Teixeira de Castilho
Carlos Eduardo Lins da Silva
Carlos Fico
Jaime Cordeiro
José Luiz Fiorin
Tania Regina de Luca

Proibida a reprodução total ou parcial em qualquer mídia
sem a autorização escrita da editora.
Os infratores estão sujeitos às penas da lei.

A Editora não é responsável pelo conteúdo deste livro.
A Autora conhece os fatos narrados, pelos quais é responsável,
assim como se responsabiliza pelos juízos emitidos.

Consulte nosso catálogo completo e últimos lançamentos em **www.editoracontexto.com.br**.

HUMOR GRÁFICO NA ALFABETIZAÇÃO VISUAL

Betania Dantas

Copyright © 2024 da Autora

Todos os direitos desta edição reservados à
Editora Contexto (Editora Pinsky Ltda.)

Ilustrações de capa e do capítulo "Os cartunistas"
Bira Dantas

Montagem de capa e diagramação
Gustavo S. Vilas Boas

Preparação de textos
Lilian Aquino

Revisão
Mariana Carvalho Teixeira

Dados Internacionais de Catalogação na Publicação (CIP)

Dantas, Betania
Humor gráfico na alfabetização visual / Betania Dantas. –
São Paulo : Contexto, 2024.
144 p. ; il.

Bibliografia
ISBN 978-65-5541-538-4

1. Alfabetização visual 2. Arte – Estudo e ensino
3. Caricaturas e desenhos humorísticos I. Título

24-2924   CDD 707

Angélica Ilacqua – Bibliotecária – CRB-8/7057

Índice para catálogo sistemático:
1. Alfabetização visual

2024

EDITORA CONTEXTO
Diretor editorial: *Jaime Pinsky*

Rua Dr. José Elias, 520 – Alto da Lapa
05083-030 – São Paulo – SP
PABX: (11) 3832 5838
contato@editoracontexto.com.br
www.editoracontexto.com.br

Mas, ao desenhar um frango, Picasso não se contentou em fazer a mera reprodução da aparência física da ave. Quis expressar a sua agressividade, sua insolência e estupidez. Por outras palavras, recorreu à caricatura. Mas que caricatura convincente ele criou!

Gombrich

Para Lili e papai, *in memoriam*.
Aos filhos e mamãe, foforigos.
Aos cartunistas e ao mestre Ziraldo.
A todos(as) os(as) amigos(as), estudantes
e familiares que nos deixaram, encantados
estarão em nossas memórias! Aos(as)
amigos(as), estudantes e familiares que
tornam os dias mais humanos e divertidos.
Aos ancestrais, uma estrela no céu, outra
na terra, ontem, hoje e sempre!

Sumário

INTRODUÇÃO 9

ALFABETIZAÇÃO VISUAL:
A IMAGEM COMO EXPERIÊNCIA 11
O que nos dizem as imagens? 16
O desenho de humor: um quadro ou uma série de quadros? 21
Entender imagens 34

NA ESCOLA 39
O Projeto Cartum: apresentação, desenvolvimento e desdobramentos 41
Na escola: uma arte puxa outra 57
A turma lê o desenho de humor 76

OS CARTUNISTAS 83
Os artistas e a escola 88
Processo de criação 108
Hierarquia na arte 122

Considerações finais 133
Notas 137
Referências bibliográficas 139
A autora 141

Introdução

Este livro discute a importância do humor gráfico (cartuns e charges) na educação, repensando práticas educativas que, ancoradas no diálogo, na criticidade e no desvelamento do olhar, auxiliem na interpretação e elaboração de imagens. As discussões aqui apresentadas advêm de experiência construída na docência na rede pública de ensino e em oficinas culturais do estado de São Paulo.

Vivemos em um mundo repleto de imagens. Como lidar com o desafio de compreendê-las e, ainda, de ensinar a compreendê-las? O objetivo desta obra é apresentar e discutir a alfabetização visual. Serão abordados caricaturas, charges e cartuns na escola como proposta de fruição e criação artística, entendendo o desenho, ao mesmo tempo, como encanto e desafio. Para organizar essa empreitada, divido este livro em três partes.

O primeiro capítulo analisa os desenhos de humor em seus principais gêneros e interfaces: a história em quadrinhos, a caricatura, o cartum e a charge, enfatizando o processo de criação e a fruição de suas narrativas visuais. O segundo aborda a presença do desenho de humor em sala de aula e mostra um projeto de arte desenvolvido em escolas públicas que teve, entre seus momentos, a visita ao Salão Internacional de Humor de Piracicaba. O terceiro capítulo apresenta uma síntese de debates e entrevistas realizadas com cartunistas, os quais refletem sobre seus processos criativos e suas vivências escolares.

Educação é coisa séria! Com esse jargão admite-se que a escola não incorpora o humor como princípio educativo, exceto nas pequenas frestas. Para tal, é preciso superar tanto a inércia criativa das práticas didáticas discursivas quanto a mera transferência de informações, característica da educação bancária, criticada por Paulo Freire. O desafio é, integrando o desenho de humor em suas diferentes modalidades gráficas, desenvolver a autonomia dos alunos e encorajar professores a aventurar-se nesse universo de múltiplas possibilidades.

Como ação interdisciplinar, esse livro contempla aspectos pedagógicos, estéticos e artísticos de forma articulada, sugerindo o compromisso da escola com o processo criativo e com a inserção do desenho de humor como importante elemento construtor de saberes e práticas. O estudo sobre o humor gráfico na educação foi iniciado em 1998 e concebido na São Paulo dos *outdoors*, e vem a público editado na São Paulo das *fake news*!

Ao fim do livro são apresentadas referências bibliográficas que convidam os leitores a novos aprofundamentos. Em diálogo com a história do humor gráfico brasileiro, são referências àqueles que abriram espaços fundamentais para as novas gerações: os cartunistas.

Boa leitura!

Alfabetização visual: a imagem como experiência

Diante de imagens, ele é um consumidor, mas não terá adquirido, na escola, um saber que explique o que fez dele objeto da ação de imagens. Por imagens, ele opta quanto ao que escolherá para compra; as fotos de jornal parecem-lhe expressão testemunhal definitiva da qual ele não duvida. Surpreendentemente, a imagem é encanto e enigma.

Eduardo Neiva

Quando falamos em alfabetização, associamos imediatamente à leitura e à escrita de palavras. Mas vou tratar aqui da alfabetização visual, que será apresentada por meio do universo dos desenhos de humor. No universo escolar, os professores ensinavam a ver as imagens dos livros didáticos ou nem as percebiam?

Antes de nos aprofundarmos nesse tema, é importante entender que o desenho de humor foi influenciado por muitas culturas. O cartunista, jornalista e escritor Henfil, durante uma viagem à China, observou o vazio, ou o branco, nas pinturas. Vejamos um exemplo do branco na obra de Dai Jin, da Dinastia Ming, a seguir:

Figura 1
Pescadores em um rio de outono, Dai Jin, Dinastia Ming, século XV, tinta sobre papel

A pintura chinesa teve um impacto significativo na obra de Henfil, como podemos notar em Graúna, a subversiva avezinha nordestina. Tanto na obra de Dai Jin quanto na de Henfil, o olhar do espectador é conduzido e participa ativamente imaginando o espaço sugerido sem que sejam desenhados: a água das canoas e o chão de Graúna.

Figura 2
Graúna, por Henfil

As imagens gráficas surgem da qualidade da experiência que Henfil adquire por meio do espelhamento de culturas. Foi a partir disso que nasceu seu célebre personagem Graúna e tantos outros. O cartunista tinha o desejo de conhecer o homem sertanejo para que pudesse aprimorar seu olhar. Os nordestinos e os chineses são exemplos de culturas que impactaram a sua arte.

A seguir vemos uma caricatura de Henfil trabalhando na prancheta, e sobre sua cabeça nascem os personagens Fradins, Zeferino, Bode Orelana, Graúna, entre outros. A caricatura é do cartunista Bira Dantas e, neste livro, todas as obras por ele assinadas foram feitas em grafite e nanquim sobre papel.

Figura 3
Caricatura de Henfil e seus personagens, por Bira Dantas

Ler imagens, ler palavras, ler geografias, ler constelações e ler vazios, é essa amplitude do sentido de alfabetização e, portanto, da leitura, ao vincular arte e realidade, que está presente neste livro – um sentido de leitura aprimorado por Paulo Freire, no qual palavras e imagens devem ser percebidas de forma ampliada.

A proposta educativa de Freire para a alfabetização de adultos foi realizada em Recife e depois levada para Angicos, no Rio Grande do Norte. Nos encontros com os jovens e adultos, eram apresentadas fichas-roteiros e cartões ilustrativos que continham desenhos, a palavra-geradora de interesse dos alunos e perguntas norteadoras que auxiliavam professores no debate. Esses encontros ficaram conhecidos como *círculos de cultura*, um espaço de troca de conhecimento entre educandos e educadores.

Durante os encontros temáticos do círculo de cultura, Freire questionava as diversas dimensões da experiência humana, abordando a relação entre natureza-cultura por meio da qual os trabalhadores transformam a realidade. Esse caminho criava uma situação existencial provocativa: "Como um criador e recriador que, através do trabalho, vai alterando a realidade. Com perguntas simples, tais como: quem fez o poço? Por que o fez? Como o fez? Quando? [...] A partir daí, se discute [...] as relações entre os homens, que não podem ser de dominação nem de transformação, como as anteriores, mas de sujeitos".[1]

A leitura começa com o reconhecimento dos elementos da imagem, suas relações e contextos sobre o universo do aluno trabalhador, pois como reafirma a pesquisadora Ana Mae Barbosa: "Há uma alfabetização cultural sem a qual a letra pouco significa. A leitura social, cultural e estética do meio ambiente vai dar sentido ao mundo da leitura verbal."

A inclusão de imagens na alfabetização de adultos foi concebida por educadores mexicanos, inspirados no movimento indígena zapatista com suas propostas educacionais emancipatórias. Tendo como referência o movimento muralista – prática muito difundida após a Revolução Mexicana de 1910 com o objetivo de criar uma identidade nacional distinta da arte europeia –, os zapatistas vivenciaram a proposta educativa de Freire, que parte dos saberes populares e os integra ao universo das imagens.

O QUE NOS DIZEM AS IMAGENS?

Qual é a origem da palavra *imagem*? No latim é *imago*, no grego *eikon*, no francês e no inglês *image*. Trata-se de uma representação naturalista ou imaginada daquilo que é observado. A ideia de *imago* era entendida como a diferença entre uma imagem e seu modelo, posteriormente distinguindo-se em imagens gráficas, óticas, perceptíveis, mentais e verbais. Possui uma natureza própria, não sendo possível importar metodologias de outras áreas para ser explicada. A imagem deve ser entendida por meio de uma teoria da visualidade definida como *virada pictórica*, termo cunhado pelo professor de História da Arte William J. T. Mitchel, para o estudo da cultura visual (área que estuda o visual por meio da cultura e suas construções simbólicas).

Na perspectiva da virada pictórica, o sujeito olha e interpreta um objeto em sua função social. Por meio desse olhar, contextos e referências pessoais se sobrepõem e impregnam a imagem com "informações, preconceitos, expectativas e predisposições", pondera Mitchell.[2] Quando se propõe uma educação visual, a instituição educacional oferece aos alunos novas oportunidades de se desenvolverem, se expressarem e, principalmente, de apreciarem o mundo das imagens.

E o que significa alfabetizar visualmente? É observar a imagem por dentro e na relação com e entre, ou seja, consiste em mergulhar na essência da imagem e em suas interações, compreender a combinação de cores e traços, e como manifestam a realidade sem desviar do que não lhe diz respeito, desenvolvendo "a sensibilidade necessária para saber como as imagens significam, como elas pensam, quais são seus modos específicos de representar a realidade", nos diz Lucia Santaella.[3]

As imagens influenciam a apreciação do mundo e, tendo isso em vista, o desenvolvimento da cultura visual pode ser um dos principais objetivos da escola, partindo da reflexão de que o excesso de imagens padronizadas modela o gosto, exigindo-se um estudo crítico dos diversos campos da informação e selecionando conteúdos formativos diante de exaustivos estímulos visuais.[4]

A Associação Internacional de Alfabetização Visual, fundada em 1969 por John Debes, definiu o termo linguagem visual como um conjunto de habilidades visuais que desenvolvemos enquanto observamos e reunimos simultaneamente outras sensorialidades. Posteriormente, passamos a justapor, recortar, montar. Em poucas palavras, articular as imagens. Isso leva a um nível de sofisticação expressiva comparável ao da linguagem verbal, pois nos adapta a novas potencialidades. As imagens passam a ser utilizadas no lugar de palavras, devido a sua rápida compreensão, pois a leitura imagética é mais veloz que a leitura textual. E na impossibilidade da linguagem verbal ou nas diferenças linguísticas, as imagens podem ser compreendidas.[5]

Esse debate sobre a importância da imagem acompanha a humanidade desde os primórdios da filosofia. Platão defendia que a percepção sensorial induzia a uma falsa compreensão da realidade: o processo cognitivo deveria passar por uma ordenação racional para que as imagens, como sombras das coisas ou meros reflexos visíveis, fossem superadas pelo mundo das ideias e dos conceitos. Por isso, a arte seria uma distração da verdadeira essência das coisas e por meio dela a mente seria iludida pelas sensações.

Já Aristóteles, em sua ideia de mimésis, argumentava que não se podia pensar sem imagens, aproximando assim a percepção sensorial da apreensão objetiva da realidade. É conhecida a passagem onde afirma "que a alma não pensa nunca sem imagem", ou seja, sem uma imagem mental. Tudo se apresenta em imagens que se diferenciam segundo os meios, os objetos e os modos.

Figura 4
Charge, por Bira Dantas

O olho se tornou humano quando o objeto se tornou social, criado e destinado ao homem. Em uma perspectiva histórica os sentidos tornaram-se humanos na prática social através do trabalho que, ao transformar a natureza, transforma ao mesmo tempo a realidade social. Institui-se um campo simbólico, a cultura, a reger as necessidades sociais, objetivas e subjetivas.[6] A capacidade de simbolizar, produzir e interpretar imagens tem sido fruto deste longo processo histórico.

Figura 5
O mundo no controle das mãos e a um passo do buraco, cartum por Bira Dantas

Imagem: entre realidade e representação

A partir do uso social do objeto nascem os signos. Para o filósofo Peirce, o signo "está no lugar de alguma coisa"[7] e na relação triangular entre ideia (significado), imagem criada (significante) e o objeto real; depende do contexto de seu aparecimento e das expectativas do receptor, analisa a pesquisadora Martine Joly.[8] Possui um sentido em si (primeiridade), na relação com os objetos (secundidade) e na mente de cada intérprete (terceiridade). O ícone, o índice e o símbolo seriam os signos visuais, como observamos na imagem a seguir.

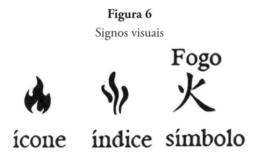

Figura 6
Signos visuais

Um ícone é o que se parece com o referente. Um índice é o registro sobre algo oculto: fumaça no meio de um incêndio florestal ou pegadas de quem caminhou pela areia. O símbolo é o código como a palavra escrita indo-arábica ou o kanji fogo.

As imagens visuais, mentais ou virtuais possuem afinidades com o objeto real. Ora a imagem mental aparece como visão natural das coisas, ora como paralelismo qualitativo. A imagem evoca um sentido que não está explícito na realidade. Tanto o excesso quanto a falta de semelhança dificultam o seu entendimento, cria-se confusão entre a imagem e o objeto representado e, neste emaranhado de construções simbólicas, um tipo pode valer-se por outro.

As imagens podem ser fabricadas ou gravadas. As fabricadas são ícones perfeitos e podem imitar a realidade com tanta perfeição que acabam criando uma ilusão de realidade.[9]

A interpretação de uma imagem não pode ser limitada ao medo de não corresponder às intenções do autor, tampouco o autor controla todo o sentido da imagem que criou. Interpretar seu sentido é muito mais perceber a imagem no contexto atual do que necessariamente entender a sua mensagem preexistente.[10]

Onde se depositam as imagens em nossas lembranças? Ficam esquecidas no passado, outras resistiram à perseguição política, as que foram repudiadas e aquelas que, por algum motivo, reaparecem com estrutura diferente por "associação e transmissão". O alfabetismo visual envolve analisar o que vemos e o que ainda não entendemos completamente.[11]

A IMAGEM SEMPRE ESTEVE PRESENTE, MAS O TEMPO PARA A FRUIÇÃO ERA MAIS LENTO

Olhar a imagem exige uma aprendizagem de seus códigos próprios. Apesar de as Artes Visuais serem uma disciplina relativamente nova, a utilização de conceitos de áreas mais antigas, como a interpretação de imagens, era comum.[12] Sua criação foi um salto intelectual no que diz respeito à capacidade de simbolização.

A reprodução acelerada de imagens na modernidade capitalista induziu os indivíduos ao consumo desenfreado, o que acaba dificultando sua compreensão, pois a atual sociedade líquida é marcada pelo descarte rápido das imagens.[13] O movimento dos carros e das máquinas determinou o tempo devotado à conversa, ao caminhar, ao interagir e à fruição artística. Tal ritmo acelerado, denunciado no filme *Tempos modernos*, de Charles Chaplin, era o prenúncio de que nos tornaríamos apêndices das máquinas, que nosso corpo seria praticamente uma extensão do equipamento, apesar do alerta de Chaplin: humanos "é que sois!".

Já o jornalismo sensacionalista veicula matérias superficiais, produz lides de notícias incompletas com imagens descontextualizadas, sendo facilmente apreciadas por conta da falta de proficiência leitora.

E a presença da imagem em nossos dias? O acúmulo de imagens em todas as superfícies, a aceleração das réplicas de imagens e a incompreensão interpretativa impedem um olhar crítico. Soma-se a isso a ausência, no currículo escolar, de uma educação do olhar por meio das pouco exploradas imagens presentes nos livros.

O consumo visual, desse modo, torna-se imediato e alienado. A imagem mercadológica, produzida para vender, embrutece o olhar, induzindo a uma chave de apreciação: para que o olhar aceite a imagem, esta deve ser manipulada e parecer real, ocultando o processo de dominação social. As imagens ocupam o lugar do que não foi vivido, como nos alerta o escritor italiano Italo Calvino:

> Antigamente a memória visiva de um indivíduo estava limitada ao patrimônio de suas experiências diretas e a um reduzido repertório de imagens refletidas pela cultura: a possibilidade de dar forma a mitos pessoais nascia do modo pelo qual os fragmentos dessa memória se combinam entre si em abordagens inesperadas e sugestivas. Hoje somos bombardeados por uma tal quantidade de imagens a ponto de não podermos distinguir mais a experiência direta daquilo que vimos na televisão. Em nossa memória se depositam, por estratos sucessivos, mil estilhaços de imagens, semelhantes a um depósito de lixo, onde cada vez menos provável que uma delas adquira relevo.[14]

Por vivermos na era visual, estamos expostos aos estilhaços. O meio publicitário se apropria das imagens e as inserem no ciclo comercial transformando os espectadores em meros consumidores. Todavia, quando as crianças têm acesso na escola a uma cultura visual consolidada por meio de aprendizagens de fruição e reflexão sobre as imagens, elas apresentam condições de se contraporem à manipulação visual.

Nesse contexto social no qual grande parte das informações são mediadas por imagens, faz-se necessária uma formação para a cidadania cultural, na qual todos os alfabetizados visualmente constituam a base de uma sociedade democrática. Nessa direção, o desenho de humor, como um gênero de imagem, questiona as contradições da ordem natural dos fatos. Serão os desenhistas de humor capazes de inventar, por intermédio de suas artes, situações inimagináveis?

O DESENHO DE HUMOR: UM QUADRO OU UMA SÉRIE DE QUADROS?

Apresentarei os principais gêneros do desenho de humor e suas interfaces – cartum, charge, caricatura e história em quadrinhos (HQ) –, enfatizando suas narrativas visuais. O desenho de humor articula e mescla diversas categorias das artes em um, dois ou mais quadros. É uma piada gráfica, lúdica, irônica, nem sempre engraçada, sintética, breve, seca e direta, o que facilita uma rápida leitura, mas não necessariamente é algo de fácil compreensão. Ele se opõe ao pensamento convencional, dando-lhe "um tapa na cara".

No Brasil, sob influência norte-americana, usava-se o termo *cartoon*, sob francesa, *charge*. O cartum, expressão da língua portuguesa do Brasil, foi usado pela primeira vez por Ziraldo na revista *Pererê*. Esse gênero critica costumes cotidianos, dando chance ao retratado de perceber seus erros. Origina-se de situações comuns com personagens fictícios. De caráter universal e atemporal, envolve questões sociais, criticando-as. Com sentido duradouro, sua opinião é expressa graficamente por um tema de fácil reconhecimento, como o aquecimento global.

Observemos no cartum a seguir sobre aquecimento global. O negacionismo, o egoísmo e a falta de alteridade dificultam as discussões sobre o clima, pois vemos que o proprietário do carro elétrico não se preocupa com as alterações climáticas e a pobreza.

Figura 7
Aquecimento global, por Bira Dantas

Se o derretimento dos polos não é uma preocupação para uma parte da população, no desenho, o cimento derretido demonstra que estamos impactados pelo exorbitante aumento de temperatura. O cartunista Jal[15] salienta que tratar as situações com humor é a possibilidade de criar um meio-termo, resolvendo o problema sem chegar a extremos, uma vez que humor e desgraça caminham juntos. Através do humor não há extremos, mas uma mágica na qual é possível mudar costumes, porém mantendo a comunicação crítica entre diferentes sujeitos.

A charge, do francês "carga", é um "documento de época" sobre fatos que revelam o ponto de vista sobre um assunto do momento. Manifesto de protesto regional e datado, exige do receptor informações sobre os fatos para perceber a intencionalidade cômica e crítica. Corrigindo atos públicos, mostra-se inconformista, revelando, muitas vezes, o que os leitores gostariam de criticar.

Os temas mediados pelo chargista dialogam diretamente com as crônicas veiculadas pela imprensa. Para os historiadores, a charge ganhou *status* de documento histórico por traduzir circunstâncias de uma época. Há casos de charges que viraram cartuns. Isso ocorre quando seu conteúdo abrange universalidades, apresentando-se, desse modo, como atemporal. As pessoas riem sobre as mesmas coisas, porém por motivos diferentes.

Redatores e editores têm suas escolhas subjetivas sobre o que é publicado, em qual lugar do jornal e como será o título. O professor e cartunista Maringoni[16] reflete que tudo isso induz à "compreensão do fato narrado. Um massacre de trabalhadores sem-terra pode, por exemplo, ser relatado como uma reação bárbara de uma quadrilha de fazendeiros a um dos mais graves problemas sociais do país ou como uma legítima defesa da propriedade privada ameaçada por um bando de desordeiros que quer subverter a paz social".

Outra característica da charge é que, para as pessoas que não conhecem o fato, é preciso recorrer ao momento histórico para melhor compreendê-la. Alguns chargistas são capazes de captar o espírito da época e não se limitam a documentar os fatos do dia. Em vez disso, criticam as convenções, transcendendo, assim, o momento e concebendo novas ideias. Um exemplo disso é a charge de Agostini publicada em 1880 enquanto se debatia a Lei dos Sexagenários no Parlamento brasileiro.

A obra ironiza o Brasil que, naquele momento, erguia monumentos à liberdade, ao mesmo tempo que mantinha boa parte de sua população escravizada. É uma alusão ao dito "Independência ou morte!", em que o chargista Angelo Agostini satirizava "Projeto de uma estátua equestre para o ilustre chefe do partido liberal. Esta estátua deve fazer pendant [par] com a de D. Pedro I e será colocada no dia 7 de setembro de 1881. A iniciativa dos ilustres fazendeiros de cebolas é que devemos mais esse monumento das nossas glórias".

Figura 8
Escravidão ou morte!, por Angelo Agostini, 1880

Não existem cartuns e charges que virem a página como os quadrinhos, ou seja, devem propiciar uma leitura imediata, em uma única página e ser apreendido com um único olhar. São sátiras do nosso cotidiano, com ou sem prazo de validade, um humor gráfico que mostra alguns momentos da vida com tanta seriedade que se tornam ridículos, incitando risos.

Alguns podem ser mais complexos de entender, tornando desafiadora a relação entre as figuras de linguagem. O chargista Faoza salienta que: "É inegável que temos um jeitão brasileiro de fazer cartum e charge. E isso só pode acontecer por causa desses poucos heróis que mantiveram essas artes vivas. Acho uma pena que cartuns e charges sem o humor rasgado, do riso fácil, sejam tão pouco apreciados, o gosto da média do público é infantilizado e sem rigor estético".

Já a caricatura é derivada da palavra italiana *caricare*, que significa "exagerar" ou "carregar", é uma representação satírica, mas não necessariamente cômica. Cada um à sua época e estilo, Goya, Bosch e Leonardo da Vinci produziram desenhos que hoje são considerados caricaturas e que, posteriormente, o expressionismo fomentou. Aos 15 anos, Monet, que caricaturava seus professores, começou a desenhar pessoas que caminhavam na rua, como na imagem a seguir:

Figura 9
Caricaturas por Claude Monet, século XIX, lápis e carvão

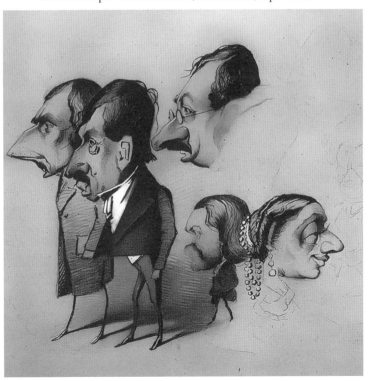

Enquanto Monet enfatiza os perfis criando uma desproporção ao corpo que é sustentado por finíssimas pernas, Goya ressalta a caricatura pela expressão dos olhos, dos rostos e da posição dos corpos, como uma cena de comédia bufona. Por sua vez, para Da Vinci, a caricatura é conseguida pelo perfil exagerado do riso.

Figura 10
Caricatura alegre, por Goya, 1799, aguada sobre papel

Figura 11
Caricatura por Leonardo da Vinci, 1645, gravura

O escritor Ariano Suassuna brinca com a (con)fusão entre retrato e caricatura com bom humor: "A caricatura é a arte do cômico [...]. eu já fui caricaturado de várias maneiras, eu tenho uma coleção de caricaturas e uma vez, inclusive, eu passei por uma decepção danada. [...] o meu aluno... fez essa caricatura minha, veja como está boa. Aí eu tenho uma filha que é carne de pescoço, Isabel, aí ela pegou assim: papai, isso não é uma caricatura não, isso é um retrato".

Ao sintetizar os traços de uma pessoa acrescenta-se humor facilitando o reconhecimento do retratado.[17] A caricatura torna-se um ícone, transcendendo o indivíduo, para caracterizar um coletivo de pessoas da época. Existem ícones que perduraram ao longo dos séculos. A história do Tio

Sam é um exemplo. A expressão foi criada por soldados estadunidenses que se alimentavam de carne produzida por Samuel Wilson, a quem chamavam de Tio Sam.

Em 1870, o cartunista Tomas Nast adotou o nome e criou um personagem inspirado em Abraham Lincoln, um homem de cartola, barbicha, cabelo branco e roupa com a estampa da bandeira dos EUA. O Tio Sam tornou-se um símbolo do poder e da opressão norte-americanas sobre o mundo. As charges de Bira Dantas (de 2024) e Belmonte (de 1939) expressam, cada uma ao seu estilo e traço, uma visão crítica em relação aos EUA. Adiante, na charge *Quem paga*, o Tio Sam manipula o globo com a ponta do dedo, financiando guerras e movimentos de extrema direita. Na charge intitulada *Fascinação*, o Tio Sam flerta com a guerra em 1939, data do início da Segunda Guerra Mundial. Não é de estranhar que ela tenha como símbolo uma carteira com uma caveira, pois toda guerra carrega a morte consigo.

Figura 12
Quem paga?, por Bira Dantas, 2024

Figura 13
Fascinação, por Belmonte, 1939, nanquim sobre papel

Os pintores não utilizavam o método de distorção da caricatura, mas Van Gogh o adotou e previu o preconceito. No âmbito do cômico, a distorção era bem-vinda, mas, nas Belas Artes, onde tudo poderia ser idealizado, seria ofensa.

Com as variações das cores laranja, cromo e amarelo-limão no cabelo, Van Gogh fez um retrato, substituiu o quarto por um espaço infinito e antecipou que o público só veria exagero e caricatura.

Figura 14
Autorretrato, por Vincent Van Gogh, 1889, óleo sobre tela

Em *Caricatura Velasqueña*, o retratista Joaquín Sorolla exibe em poucas pinceladas rápidas, carregadas de tinta e luz, uma releitura caricaturesca de um detalhe da obra *A rendição de Breda*, pintada por Diego Velásquez.

Figura 15
Caricatura Velazqueña, por Joaquin Sorolla, 1886, óleo sobre tela

Munch explorou a distorção da caricatura com sua litografia *O Grito*. Vieram as guerras mundiais esfacelando a humanidade, e os artistas modernos presos e assassinados pelos nazistas. O horror deve ser uma expressão possível de intensidade expressiva, e no expressionismo era "ponto de honra" denunciar a burguesia e evitar beleza e "polimento", reflete Gombrich.[18]

E os quadrinhos?

Após definirmos charge, cartum e caricatura, vamos adentrar no universo das histórias em quadrinhos. A HQ é uma narrativa contada graficamente em quadros, usando múltiplos elementos – por exemplo, um suspense, uma sequência longa de imagens, narrada por texto, imagens ou ambas. Ela conjuga texto e desenho de forma complementar, criando um meio de comunicação altamente sofisticado por cultivar mecanismos cognitivos diferentes da leitura comum. Também é conhecida como narrativa gráfica sequencial, porque utiliza uma variedade de técnicas para transmitir a ação e contar a história.

Trata-se de uma *arte sequencial*, termo cunhado por Will Eisner, consistindo em imagens estáticas que, à medida que o olho segue o quadro a quadro, sugere o movimento das cenas. Se não houver algum grau de sequenciação, não se caracteriza como quadrinhos, já que deve existir, entre um quadro e outro, o espaço vazio chamado de calha, caracterizando o tempo que passa. Os balões com rabichos indicam quem está falando e expressam diversos sentimentos aos leitores, como sussurros, gritos, ternura, indignação ou raiva.

A leitura multimodal envolve a linguagem verbal e não verbal, combinando as linguagens da literatura, do desenho, da fotografia e do cinema para criar uma narrativa visual, podendo incluir infográficos, cartuns, charges, tirinhas, propagandas e anúncios. Os suportes utilizados são diversos e podem ser impressos (jornais, gibis), virtuais (holografia, computador ou celular) ou criado em outras superfícies.

A ausência de moldura cria um espaço infinito a ser imaginado pelo leitor, já a sua inclusão distancia. Ou, ainda, pode haver uma moldura diferenciada, convidando o leitor a entrar na história. Por fim, há o recurso de sair da caixa de desenho e ultrapassar a margem, extrapolando os limites do papel, afirma Eisner.[19]

A moldura e o *passe-partout* na tela de pintura são também quadros de contenção, e sua função é direcionar o olhar para o interior da pintura. Mas com o advento da arte moderna, essas grades restritivas foram abolidas em muitas obras no século XX. Henfil questionava: "Quem é que obriga a gente a fazer o quadro sempre completo, senão a tradição do desenho americano industrializado, a história em quadrinhos sindicalizada? Quando o homem começou a desenhar, ele fazia sugestões. Depois é que inventaram que o desenho tinha que ser quase uma fotografia. Por que a gente tem de seguir o exemplo de Walt Disney?".[20]

Publicada em 2007 por Bira Dantas, a HQ *Rainy Days* narra a vida de um vendedor ambulante de livros, impedido de realizar suas vendas devido às chuvas intermináveis que assolam a sua cidade. Quadro a quadro, ao fundo, é narrado o seu desânimo ao lado da banca, que vai do amanhecer ao anoitecer, e em primeiro plano está o comerciante que caminha passo a passo, de poça em poça, carregando a mala com as obras sobre outro fundo inventado pelo leitor.

Figura 16
Página da HQ *Rainy Days,* por Bira Dantas

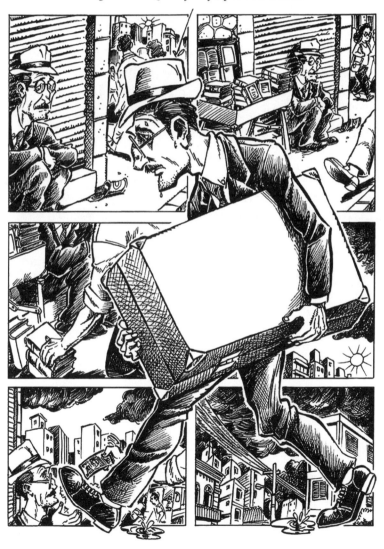

Apresento a seguir um quadro-síntese com as suas principais características dos gêneros:

Arte	Significado	Caricatura	Tema
Charge	carga, crítica	pessoas públicas	Fatos publicados
Cartum	cartoon, cartão	pessoas comuns, personagens	Fatos cotidianos
HQ	história em quadrinhos	ambas	Assuntos gerais

ENTENDER IMAGENS

Ao desenhar, Henfil observou que parentes e amigos não entendiam o cartum; por esse motivo, adotou a arte sequencial. Ele descreve: "O que descobri na história em quadrinhos é que você vai explicando, vai criando o clima, e o último quadrinho é o cartum".[21] Henfil – que, em suas *Cartas da Mãe* (compilado da correspondência trocada entre o cartunista e sua mãe entre os anos 1970 e 1985), procurou definir o cartum como um texto simples e de fácil compreensão – percebeu que os desenhos humorísticos eram difíceis de serem compreendidos pelos brasileiros, até mesmo pelos graduados, porque não eram leitores de quadrinhos.

Fato semelhante é contado pelo professor Possenti que somente após ser convidado para analisar charges é que passou a olhá-las atentamente, já que se interessava mais pelas palavras do que pelo desenho.[22]

Os alunos também não reconhecem os desenhos no jornal sem uma leitura compartilhada, quando leem as imagens juntos, dividindo conhecimentos e impressões, momento inicial do processo de alfabetização visual, seguido de pesquisas sobre referências da imagem. Percebe-se que a maioria não reconhece os caricaturados de imediato, mas, com o decorrer dos estudos, tornam-se capazes de reconhecê-los. Os alunos coletam fotografias e caricaturas diferentes de uma pessoa pública, analisam os tipos caricaturados comparando diferentes estilos. A análise do desenho de humor desempenha uma variedade de funções multimodais na relação palavra-imagem (por exemplo, a charge ou tirinha que possua desenho, balão, onomatopeia), estando pouco presente no repertório didático docente. Praticar a análise dos gêneros apresentados possibilita experienciar o prazer estético e comunicativo das obras, já que esse é o momento em que mobilizamos o nosso repertório visual.

O sociólogo e filósofo Roland Barthes foi o primeiro a estudar as categorias da imagem visual. A relação entre linguagem verbal e visual é decorrente das investigações semióticas e da iconologia. As imagens representam dois níveis de expressão: o nível figurativo, no qual reconhecemos os objetos no mundo; e o nível plástico, que permite um significado além da imitação através da organização espacial da cor, da linha e da abstração das figuras representadas.[23]

Como a imagem conduz o nosso olhar? O destaque inicial vai para os planos saturados e os traços que guiam a percepção, como podemos observar no autorretrato de Rembrandt a seguir. Trata-se de uma combinação dos "formantes plásticos" e deriva de um domínio material – desenhos, pinturas, gravuras, fotografias e imagens cinematográficas, televisivas, holo e infográficas – e imaterial: visões, fantasias, imaginações, esquemas, modelos e representações mentais.[24]

Figura 17
Autorretrato de chapéu com os olhos arregalados, por Rembrandt, 1630, água-forte

Como podemos fazer na apreciação artística? Conte tudo o que há em uma imagem como se fosse descrevê-la para alguém que não consegue ver. Olhe devagar, ou seja, observe com mais lentidão. Somente quando vemos é que podemos descrever; e apenas quando somos capazes de descrever é que podemos analisar e interpretar, construindo, desse modo, o sentido a partir do visível, iniciando a compreensão de significados.

Todos os elementos são percebidos simultaneamente durante a observação de uma imagem. O pesquisador Edmund Feldman descreve os níveis de leitura que norteiam a observação de uma imagem. Feldman recomenda quatro momentos para que o leitor aprenda a interpretar: descrever, analisar, interpretar e julgar realizando uma leitura comparada entre as obras do artista. E a eles acrescento a criação de imagens, por exemplo, autocaricaturas, charges e cartuns sobre os contextos escolares e políticos, como um quinto momento.

A leitura possui diversas camadas, começando com a simples descrição dos elementos visuais, como dissemos. A descrição é o momento em que se presta atenção ao que se vê, compreendendo a leitura dos elementos visuais e textuais. É uma profunda e detalhada atenção ao ato de perceber de tudo o que é perceptível e evidente na obra. Descrever é diferente de narrar, apesar de ambos ocorrerem simultaneamente. Descrever é pormenorizar cada detalhe presente e narrar é relacionar e expor o fato da imagem.

A análise é o caminho para observar o comportamento dos personagens na cena, percebendo a maneira como a obra foi executada, as relações entre os elementos da composição, os procedimentos plásticos usados, as ideias intrínsecas a ela.

A interpretação é o momento em que se dá significado sobre o que se vê, em que se faz uma análise pessoal e sensorial a obra. É quando se julga e se infere o valor conceitual do objeto de arte. Na fundamentação, ampliamos a percepção inicial com conhecimentos de diferentes fontes. É a metainformação inserindo a imagem em uma perspectiva transversal, ou seja, além da informação há também uma variedade de conhecimentos relacionados à realidade a ser transformada. Já a recriação é designar – e, assim, uma nova obra é criada ou sugerida. À descrição é gradualmente adicionada a história, como resultado do processo de fruição.

Na abordagem triangular, proposta sistematizada em três eixos – leitura, contextualização e fazer artístico – por Ana Mae Barbosa,[25] sugere-se que ler, contextualizar e fazer sejam momentos ziguezagueantes e articulados. A leitura envolve tanto a sintaxe visual quanto a leitura interpretativa. A contextualização pode ser histórica, artística ou sociológica, ou seja, envolve as áreas que mais dialogam com o objetivo do estudo. E o fazer compreende as ferramentas de criação do artista para aventurar-se em novos estudos temáticos. O estudo de charges, cartuns e caricaturas de artistas ampliam os repertórios. No caso da charge, o fazer artístico inicia-se com a escolha de um tema relevante e atual, estudando a inclusão de ironia e humor. Assim, é possível pensar os personagens e a cena. O fazer, apreciar e contextualizar podem ocorrer ao mesmo tempo ou pode-se iniciar por um deles.

O desenho humorístico não é uma réplica dos objetos observáveis. A análise do desenho começa pela forma, pelo conteúdo e pelo contexto. A julgar pelo conteúdo, seus enredos sempre revelam contradições e implicam desordem ou injustiça e questionam a realidade por meio de metáforas e de analogias. Além disso, ele se inspira em situações contraditórias, questionando os discursos de poder ou a ausência de ética.

Com a inclusão do desenho de humor na sala de aula, diferentes tipos de leitores visuais, dos mais aos menos experientes, são incluídos no processo de fruição, leitura de imagem e contemplação estética. A psicóloga Abigail Housen analisou cinco tipos de leitores e elaborou a mais complexa sequência de leitura de imagens.

O **primeiro estágio**, *o narrativo*, é típico de quem não tem experiência em artes visuais, pois é influenciado pelo tema, e o leitor narra se apegando a detalhes e a outros elementos alheios à obra. Desse modo, fica preso à memória dos acontecimentos vividos. Faz associações aleatórias e seu olhar é rápido. O trabalho só é bom se tiver algo do seu interesse.

O **segundo estágio**, *o construtivo*, tem uma concepção utilitarista da arte, em que se acredita que a imagem deve ser realista. Tendo isso em vista, o leitor julga a imagem de acordo com suas concepções, compreende certos elementos da estrutura de imagem e relaciona o todo e a parte.

O **terceiro estágio**, *o classificativo*, cria categorias e busca mais informações sobre a obra e como ela foi realizada. O leitor já sabe que as emoções não podem interferir na leitura e tem um controle mais objetivo, mas ainda mantêm uma relação de pessoalidade com a obra.

O **quarto estágio**, *o interpretativo*, explora mais profundamente o assunto; leitor sabe que pode sugerir diferentes respostas para uma mesma obra.

O **quinto estágio**, *o re-criativo*, tem um "olhar treinado" e o leitor sabe que tudo o que o artista incluiu é intencional. Além da capacidade de recriar a obra, sua sabedoria e experiência permite uma compreensão muito mais profunda do que a do primeiro estágio, que é arbitrário. É possível identificar o estágio de leitura durante o fruir.

Fruir é levantar questões para a obra, é uma conversa íntima do observador com a imagem. Como preparar o olhar e quais são as ferramentas necessárias para sermos proficientes visuais? O jornal *Le Monde* (2016) sugere três perguntas para o primeiro encontro com a imagem:

- Descreva objetivamente o que significa a imagem; em outras palavras, o que eu vejo?
- Coloque em contexto o que significa a imagem; em outras palavras, o que eu sei?
- Interprete o que significa a imagem; em outras palavras, o que eu deduzo?

A melhor forma para se chegar ao quinto estágio e nos tornarmos proficientes visuais é começar o mais cedo possível: os símbolos da arte precisam ser mediados pela escola, lugar privilegiado para o desenvolvimento da capacidade leitora e criadora, com práticas pedagógicas das artes visuais, que possibilitam a interação com diversos materiais e meios artísticos.

Neste capítulo refletimos sobre a imagem, os códigos próprios do desenho de humor nos gêneros jornalísticos e a distorção na arte. No próximo capítulo, a arte chega à escola, sendo o momento de aprender a desenhar, fazer projetos e entender o impacto dos livros de arte nas escolas públicas brasileiras.

na escola

A tarefa não é tanto ver aquilo que ninguém viu, mas pensar o que ninguém pensou ainda sobre aquilo que todo mundo vê.

Schopenhauer

Algo mudou sobre a antiga escola? Como ensinar alguém a desenhar? Na escola, o traço do desenho era medroso e guiado por réguas? Quais são as linguagens que o desenho de humor pode articular? Este capítulo apresenta um projeto desenvolvido a partir de múltiplas linguagens do desenho de humor, propondo formas alternativas de aprender a desenhar. Além disso, sugere um conjunto de práticas educativas para uma alfabetização visual, entendendo esta como um conjunto de habilidades que vão sendo mobilizadas através da leitura e da produção de personagens, charges, cartuns e quadrinhos.

Historicamente, o ensino esteve vinculado a métodos punitivos, entre eles, não raramente, castigos físicos, além da seriedade e da rigidez tidas como sinônimos de uma "boa educação". Quase nunca o prazer e a alegria eram admitidos pela escola. Diante desse cenário, os desenhos humorísticos desempenharam um papel importante ao criar espaços para a irreverência e a criatividade.

O discurso educacional, mesmo entrelaçado por inovações tecnológicas, ainda é influenciado por um forte viés de falso moralismo. Em tal viés, aprender é apenas se submeter. O filósofo Jorge Larrosa assim ilustrou a ausência do riso na escola: "Há momentos em que uma aula se parece com uma igreja, com um tribunal, com uma celebração patriótica ou com uma missa cultural [...]. O humor está sempre ausente".[26]

Passados mais de cem anos da criação da arte gráfica, o desenho de humor continuava pouco valorizado na educação escolar, presente de forma aligeirada nos livros didáticos e ausente de muitas publicações direcionadas ao ensino da arte e formação de educadores. Ana Mae Barbosa[27] relata que os autores Ralph Smith, Vincent Lanier, Kenneth Marantz e Elliot Eisner, referências na área, já afirmavam há muito tempo que além da produção artística, a escola precisava abordar a apreciação, a história da arte e a análise crítica das artes. Contudo orientações didáticas acerca desses temas foram formalizadas no Brasil somente nos anos 1990, com a publicação da obra *Imagem no ensino da arte* de Barbosa.

A partir de 2006, essa realidade mudou, pois escolas públicas brasileiras passaram a receber HQs por meio da expansão do Plano Nacional do Livro Didático (PNLD) do governo federal. Os acervos chegaram às 46.700 escolas públicas de ensino fundamental, com 225 títulos para instituições com mais de 300 estudantes matriculados. Em 2007, o Ministério da Educação (MEC) entregou 7,5 milhões de exemplares de livros de HQ para o ano letivo.

Os três critérios fundamentais para que o MEC selecionasse as obras foram: a qualidade literária do texto, o projeto gráfico e a adequação do assunto. Tendo isso em vista, foram escolhidos "quadrinhos bons, com diversidade de assuntos, gostosos de ler, adequados e com temas importantes para a educação". O Ministério observou que era preciso expandir a leitura do estudante a diferentes tipos de gêneros impressos.

Atualmente, a HQ está presente nos livros didáticos e paradidáticos, nas provas de concursos, nos vestibulares, nas avaliações em geral, por contribuir para uma compreensão leitora, articulando a linguagem verbal e não verbal, potencializando uma leitura crítica. De acordo com o MEC,

> A leitura de obras em quadrinhos demanda um processo bastante complexo por parte do leitor: texto, imagens, balões, ordem das tiras, onomatopeias, que contribuem significativamente para a independência do leitor na interpretação dos textos lidos. Além disso, o universo dos quadrinhos faz parte das experiências cotidianas de muitos alunos. É uma linguagem reconhecida bem antes de a criança passar pelo processo de alfabetização.[28]

No entanto, para além do acesso, é fundamental percebermos a proficiência leitora da palavra e imagem. Criada pelo MEC em 2005, a Prova Brasil, que avalia o desempenho do sistema educacional no nível básico, apresentou, em 2011, que apenas 40% dos estudantes conseguiram integrar texto e imagem, e que 29% desconsideraram a imagem e leram apenas o texto.

Diferentemente do que ocorreu nos outros componentes curriculares, os alunos que foram alfabetizados visualmente nas aulas de Arte demonstraram aproveitamento pleno quanto a análise de charges, cartuns, quadrinhos e fotografias presentes nas avaliações oficiais de aprendizagem. Isso se dá como resultado de esforços anteriormente empenhados.

O PROJETO CARTUM: APRESENTAÇÃO, DESENVOLVIMENTO E DESDOBRAMENTOS

Em minha trajetória educativa, percebo que é impossível o desenvolvimento integral da inteligência sem o desenvolvimento do "pensamento divergente, do pensamento visual e do conhecimento presentacional que caracterizam a arte".[29]

Na década de 1990, atuando no ensino fundamental com as quatro linguagens da arte – Artes Visuais, Teatro, Dança e Música –, apresentei aos alunos de escolas públicas a linguagem do desenho de humor, abordando a política brasileira, em seus episódios cotidianos, tanto locais quanto nacionais, e dessa experiência nasceu o Projeto Cartum.

O Projeto Cartum, premiado pela XXIV Bienal de Arte de São Paulo, foi desenvolvido de fevereiro a dezembro de 1999, propondo, junto aos alunos do 8º ao 9º ano do ensino fundamental, um estudo sobre a política brasileira, definindo como temática um escândalo de corrupção na esfera paulistana, conhecido à época como a CPI da Máfia dos Fiscais da Prefeitura. O projeto contou ainda com a participação do professor de História Emilio.

No decorrer do projeto, foi disponibilizada a assinatura dos jornais: *Diário Popular, Agora, O Estado de São Paulo* e *Folha de S.Paulo.* Isso possibilitou a organização de um arquivo de cartuns e charges, entre outros materiais, com o objetivo de promover debates e incentivar produções artísticas visuais e escritas nas aulas de Arte e História. Presentes na imprensa diária, essas artes resgatam os acontecimentos que se tornaram relevantes, caracterizando-se como formas de arte pública de fácil circulação, passando de mão em mão. A leitura do jornal envolvia a localização da charge, das informações e das notícias a ela vinculadas.

Nas aulas de Arte, os alunos criaram uma hemeroteca de textos, HQs, cartuns, entre outras áreas. Em cada aula, eles liam jornais, organizavam recortes registrando dados de artigos e imagens por meio de fichas de catálogo especialmente elaboradas para o projeto. Um banco de imagens fotográficas serviu como base para a criação dos cartuns. Foi possível ainda a criação de ilustrações e animações com o uso de computadores e programas disponíveis à época.

Nas aulas de História foram pesquisados e discutidos materiais sobre a CPI e, nas aulas de Arte, foi proposta como exercício a criação de caricaturas dos professores e dos funcionários da escola. Foram registradas as etapas dessa criação, tais como: ideia principal, roteiro, descrição da imagem a ser criada, elaboração do projeto desenhado e finalização com a animação e sonorização por meio de uma seleção de músicas representativas da história nacional.

No segundo semestre de 1999, 90 alunos (sendo 80 do ensino médio e 10 da EJA), o professor de História e eu visitamos o Salão Internacional de Humor de Piracicaba, espaço expositivo aglutinador dos quatro gêneros de humor gráfico: cartum, charge, quadrinhos e caricatura. Qual a importância da escolha dessa visita? Nesse momento, cabe aqui uma breve apresentação desse espaço e suas origens, já que, durante a ditadura militar, ele se tornou um espaço de resistência cultural e política.

Em 1881, o barão Estevão Ribeiro de Rezende fundou o Engenho Central de Piracicaba, que substituiu o trabalho escravizado pelo assalariado e mecanizado. Em 1974, foi desativado e desde 1989 tombado como patrimônio histórico municipal. Desapropriado pela prefeitura, o espaço se tornou relevante para a cultura. A área total é de 80 mil metros quadrados, e a área construída ocupa 12 mil metros quadrados.

Figura 18
Ao fundo o Salão de Humor de Piracicaba e a ponte de travessia do rio.
Acervo da autora

Figura 19
Engenho Central - Salão de Humor de Piracicaba. Acervo da autora

A exposição do Salão de Humor foi concebida em 1974 pelos desenhistas Millôr, Ziraldo, Zélio, Jaguar, Fortuna e Ciça e pelo prefeito Adilson Maluf, em uma época de censura na qual os militares proibiam qualquer forma de expressão crítica ao governo, incluindo o desenho de humor. Dessa forma, o Salão de Humor de Piracicaba tornou-se um espaço de resistência, um espaço possível de expressão crítica por meio do humor, e de reconhecimento internacional.

Por isso que o Projeto Cartum escolheu a visita ao Salão. Ao chegarem diante do local, os alunos logo se impactaram com os bonecos de Elias à beira do caudaloso rio Piracicaba. Esse morador e artista, conhecido como Elias dos Bonecos, dizia que o rio era a sua religião. Ele produzia os bonecos a partir do que encontrava na água, reaproveitando os materiais naturais e as roupas. Aqueles que tiveram o privilégio de ver esses bonecos imaginavam que se tratasse de pessoas reais lavando roupas à beira do rio, uma cena belíssima das antigas comunidades ribeirinhas.

Os rostos retomam os traços dos mascarados da folia de reis e das antigas manifestações culturais.

A seguir, apresento este momento por meio de cartuns:

Figura 20

Professores e alunos visitam o Salão de Humor de Piracicaba, por Bira Dantas

Em dezembro do mesmo ano, os alunos organizaram um evento de encerramento do Projeto Cartum com 12 oficinas de artes para os pais e a comunidade em geral. A abertura do evento foi realizada por Bira Dantas e Márcio Baraldi, cartunistas com vasta experiência na imprensa sindical. Após um debate com os palestrantes, o público participou de diversas oficinas promovidas pelos alunos e por seus professores.

Figura 21
Cartunistas conversam com alunos, por Bira Dantas

O evento "Caricatura e desenho de humor" contou com a mostra de caricaturas de funcionários e colegas de sala. O pátio foi composto por 150 embalagens de pizza que se moviam no teto e giravam ao vento. Foram criadas caricaturas no interior dessas embalagens, denunciando a corrupção na administração municipal. Textos dos cartunistas foram estampados em faixas de protesto. Treze salas foram transformadas em oficinas de arte coordenadas pelos alunos e pelas professoras. O então presidente da CPI visitou a exposição de cartuns e caricaturas, bem como as oficinas de artes plásticas.

A mostra foi o resultado dos estudos realizados ao longo do ano letivo. Nas aulas, era pedido que os alunos fizessem colagens fotográficas que, posteriormente, se transformavam em desenhos. As ideias centrais e o roteiro eram elaborados antes da colagem, possibilitando ao professor orientar quanto ao detalhamento de cada proposta de criação. Com o decorrer do tempo, as ideias iam surgindo de forma mais rápida, sem a necessidade de detalhar um roteiro: ideia central da redação; o roteiro (descrever como essa ideia central pode ser traduzida em imagens, recursos gráficos e cores); a colagem/montagem; o cartum desenhado e a arte final.

Figura 22
Da série collage *Raposa vestindo terno*. Acervo da autora

Figura 23
Da série collage *A benevolência norte-americana*. Acervo da autora

São etapas de um processo de alfabetização visual: folhear o jornal, buscar informações, conhecer o desenho e os cadernos temáticos, localizar a charge e a crônica relacionadas. Alguns alunos tornaram-se leitores frequentes de jornais. A linguagem específica e inteligente do desenho de humor nos permite compreender as entrelinhas dos bastidores da política cotidiana e promove o desenvolvimento de repertório necessário para a compreensão dos fatos.

Como parte do projeto, os alunos se empenharam em organizar seminários sobre a linguagem gráfica, aprofundando os estudos da obra *Quadrinhos em ação: um século de história*, de Mário Feijó. Os grupos se alternavam na apresentação dos capítulos, propondo ações práticas, como, por exemplo, uma entrevista com um desenhista; esquetes inspirados em charges e quadrinhos; e um curta-metragem sobre o tema. Surgiram, assim, um esquete da Turma da Mônica, um tio que contava histórias, uma entrevista na rua e um curta-metragem, todos materiais artísticos resultantes dos seminários.

As entrevistas foram definidas a partir de perguntas preparadas na sala de aula, antes de sair a campo. Os alunos criaram uma tabulação das entrevistas, o que resultou em bate-papo descontraído ao descrever a reação do público. Expressões dos alunos e a síntese da apresentação foram transcritas:

> "Pissôra", conversamos com quem andava na rua, com professores e uma bibliotecária da gibiteca. Os entrevistados que liam gibi também os compravam para seus filhos e liam jornais, literatura e noticiários. Achavam que é bom ler mais HQ e assistir menos TV. Alguns entrevistados não souberam elaborar frases inteiras e, geralmente, respondiam apenas "sim" ou "não". A substituição do gibi pela TV se deve à dificuldade de a população alfabetizada ler a palavra-imagem.

A pintura *Duas mulheres em uma janela*, de 1660, do artista barroco espanhol Murillo, foi escolhida por um grupo de alunos por sugerir o encontro com os familiares e moradores do bairro durante a realização das entrevistas. Assim como a vida que passa na rua, a pintura convida o espectador a vivenciar uma cena típica urbana em que, analogamente à cena estudantil, as pessoas davam risadas durante as entrevistas, enquanto outros apenas aguardavam. Essa obra também foi escolhida para a pesquisa sobre o humor nas artes.

Figura 24
Duas Mulheres em uma janela, Bartolomé Esteban Murillo, 1660, óleo sobre tela

Os alunos perguntaram aos seus pais sobre a leitura de quadrinhos em suas infâncias, o que resultou em "Orra, eu li muito a Turma da Mônica", "li Magali", "Da hora" e "Gibi da Mônica tem muito erro, o Cebolinha fala elado". Muitos disseram que era proibido ler gibis na escola: "Depois dos 8 anos eu só podia ler livros, até então eu lia gibis". Outros não se importavam com o material usado, apenas desejavam a cultura da não violência, pois "As crianças de hoje querem saber menos sobre desenhos animados e mais sobre violência na televisão". "Tom e Jerry são violentos, mas isso não é mal", acrescentou outro pai.

Algumas mães adquiriam gibis para incentivar a leitura dos filhos. Uma entrevistada lhes disse: "... para crianças não deve haver palavrão. Prefiro que leiam quadrinhos porque só assim não pensam besteira. Eu mesma compro para os meus filhos". Os gibis mais citados foram Magali, Batman, Mickey e Cebolinha. A maioria se mostrou preocupada com a programação televisiva e com os jogos de videogame. As crianças entrevistadas sobre a substituição da televisão por gibi responderam: "trocaria, ficaria com a TV, porque não é preciso ler". Pais que não leem destacaram que seus filhos também não demonstram interesse em ler.

Os alunos também conversaram com a bibliotecária da gibiteca sobre a sua opinião a respeito de gibis: "Eu sou um pouco suspeita para dizer porque eu gosto de ler. Alguns quadrinhos têm conteúdo e ilustrações de maior qualidade, enquanto outros, não". Era a década de 1990 e, apesar da grande oferta, os leitores não procuravam quadrinhos japoneses nem quadrinhos de guerra. "Os quadrinhos mais lidos são os mais estragadinhos, o estado do gibi indica o seu uso. São eles: Asterix, Tintin e Turma da Mônica. E os menos lidos? Aqui na biblioteca os mangás japoneses não são populares nem procurados, mas têm o seu público em outro lugar."

* * *

O gênero humor leve e sofisticado é apreciado pelos alunos, mas exige mais esforço para ser entendido. É uma das práticas de linguagem e de educação midiática que deve ser ensinada desde os anos iniciais do ensino fundamental. Tendo essas ações do Projeto Cartum como exemplo, o professor pode organizar na sua escola um planejamento mensal e semanal com a participação dos alunos, pois isso ajuda a redefinir a rotina e estabelecer metas para trabalhar esse gênero.

Temos como momentos de estudos articulados o seminário, as entrevistas, as aulas de desenho, as artes plásticas, a leitura de imagens, a história da arte, a exposição, momentos de troca de conhecimentos, entre as outras ações já relatadas. São objetivos desse trabalho: a) conhecer a história da charge e do cartum e dos profissionais da área; b) compreender os desenhos humorísticos como obras artísticas; c) divulgar essa arte presente em jornais, revistas e sites; d) criar imagens humorísticas baseadas em cenas da vida cotidiana; e) estudar caricaturas.

O desenho de humor tem história.

1) Ao estudar o desenho de humor, os grupos de alunos podem apresentar seminários a partir de suas consultas e descobertas. Contextualizar as charges é compreender as condições da época que influenciaram o fato desenhado. No século XVIII, muitos europeus não eram letrados e a imagem era a principal forma de difusão de ideias. Portanto, a charge chegava para a maioria da população. Os artistas criticavam as mazelas sociais criando a charge e a caricatura, inicialmente impressas em folhas soltas para serem vendidas e, posteriormente, publicadas em jornais. Observando charges publicadas podemos perguntar: Qual é o contexto da charge? Quais personagens são representados?

2) No Brasil, sabe-se hoje que a primeira charge foi publicada em 25 de julho de 1822, no jornal *O marimbondo*, em Pernambuco. Tendo como pano de fundo as tensões políticas a 40 dias da Independência do Brasil, a charge retrata um homem (português) em fuga após ser atacado por marimbondos (brasileiros). No entanto, em 14 de dezembro de 1837, o artista Manuel José Araujo Porto-Alegre (1806-1879) publica sua primeira charge intitulada *A Campainha e o Cujo* no *Jornal do Commercio*. Acompanhado dessa charge, o jornal publicou o seguinte texto: "A bela invenção de caricaturas, tão apreciadas na Europa, apareceu hoje pela primeira vez no nosso país, e, sem dúvida, receberá do público aqueles sinais de estima que ele tributa às coisas úteis, necessárias e agradáveis." Pesquise a charge na internet, identifique o assunto e a técnica utilizada. Peça aos alunos que comparem uma charge antiga e uma atual: existem diferenças? Como as palavras são escritas? Existiam balões de fala?

3) Que tal pesquisar também cartunistas brasileiras? Nair de Teffé, por exemplo, é considerada a primeira caricaturista do mundo.

Uma História da Arte diferente

Utilizando uma seleção de caricaturas ou cartuns de diversos períodos da história, explore as suas diferenças.

Vamos ler imagens?

a) Inicialmente o professor escolhe uma charge para uma leitura compartilhada com a turma (descrever, analisar e interpretar). Reúna todas as ideias sem julgá-las e que apresentem diferentes possibilidades de interpretações; anote as palavras-chave no quadro. b) Como tarefa peça que pesquisem cartuns e charges nas páginas eletrônicas. Peça que estudem o desenho selecionado em dupla e apresentem o que entenderam. c) Entregue para cada grupo uma charge de jornal impresso e quatro notícias diversas, sendo que apenas uma trata sobre o assunto da charge. O desafio é os alunos identificarem a notícia correspondente à charge.

Vamos ler jornal ou revista?

Com os alunos, consulte os jornais e as revistas locais identificando charges e cartuns. Os alunos podem encontrar sites de artistas onde publicam seus trabalhos. Incentive-os a pesquisar autores com diferentes estilos de desenho, lembrando que o traço de cada um é único! Peça que selecionem e apresentem uma charge com informações sobre o tema retratado e que compartilhem suas dúvidas e descobertas.

Qual é o tema?

1) Solicite aos alunos uma coleta de charges. O que os cartunistas abordam em seus desenhos? Quem é representado no desenho analisado? Em pequenos grupos, monte o seguinte quadro:

Nome do jornal ou site	Assunto	Quantidade

2) Será que outros países enfrentam as mesmas questões ou problemas retratados nas charges coletadas? Pesquise charges e cartuns de outros estados e países. Faça uma análise comparativa.

3) Em cartolina ou papel craft peça aos alunos que coloquem charges representando as contradições e conflitos da sociedade contemporânea.

Fazendo um jornal-mural.

Sugira aos alunos que escolham uma situação da sua cidade ou do seu bairro e que reflitam sobre como tudo poderia ser totalmente diferente do que é, com ideias novas que gostariam de oferecer para a cidade. Peça que incluam humor e que não esqueçam o título. Solicite que produzam uma charge, recortem letras, títulos, desenhos e fotografias. Incentive os alunos a brincarem com as formas e, quando acharem que estiver bom, peça que colem em sulfite, cartolina ou craft. O jornal pode ser colado na parede onde muitas pessoas circulam.

Como se faz uma hemeroteca?

A hemeroteca é constituída por recortes selecionados de jornais e revistas e colados em sulfite. Pode ser guardada em uma pasta. Por dia, um estudante pode se responsabilizar por recortar charges, cartuns e tirinhas, colando-as em uma folha de papel e inserindo os dados das publicações (nome do jornal, página, data e local) para alimentar a hemeroteca. É possível organizar por áreas ou por assuntos, como matérias de arte, e ciência. Também é possível fazer uma hemeroteca digital em um arquivo ou drive compartilhado pela turma com imagens selecionadas da internet, quando os recursos necessários estão disponíveis.

É possível planejar uma exposição?

Em grupos, os estudantes podem criar desenhos de humor sobre a escola, escolhendo um ambiente para montar a exposição. Utilizando materiais acessíveis, os alunos podem trabalhar diversos suportes, por exemplo, transformando folhas de jornal amassadas em máscaras de papel.

Um livro para seminário!

Escolha uma obra em HQ ou um livro sobre o tema e, com a turma organizada em grupos, destine algumas aulas para que discutam cada capítulo e preparem uma ação artística (teatro, performance, fotografia, exposição, zine, entre outras múltiplas linguagens) para apresentação em classe. Sobre a História da HQ, por exemplo, o livro *Quadrinhos em ação: um século de história* de Mário Feijó é uma das obras mais completas sobre o assunto, voltado para alunos do ensino fundamental II e médio.

Para que fazer entrevistas?

A profissão cartunista/chargista/caricaturista começou, para muitos artistas, com o interesse pelos desenhos animados e gibis. Convide um desenhista que mora no bairro para ser entrevistado pelo grupo. Para o gênero entrevista, oriente os alunos a: a) elaborar perguntas que gostariam de fazer ao artista; b) entrevistar a própria família sobre o assunto "gibi".

Oficina de caricatura

Percebendo a importância do conhecimento proporcionado aos alunos envolvidos com Projeto Cartum, em março de 2000, propus que compartilhassem seus saberes com outros alunos de outras escolas, tornando-se multiplicadores. Para isso, eles planejaram e executaram oficinas de caricatura para crianças das escolas municipais de São Paulo e, consequentemente, vivenciaram momentos importantes como sujeitos que ensinam. Como resultado, observei a importância dessa nova cartografia do conhecimento para os alunos que, "em vez da divisão entre sujeito e objeto, coloca-os num mesmo plano de experiência, produzindo conhecimento e produzindo-se a si mesmo. Dessa maneira, a pesquisa é intervenção, pois ao mesmo tempo em que se conhece a realidade por meio de uma prática, fazendo o seu próprio percurso de pesquisa, transforma a realidade pesquisada e a do próprio pesquisador".[30]

Com a participação de 50 crianças, as oficinas de caricatura abordavam os conhecimentos aprendidos na escola, tais como: as origens da caricatura; os traços característicos da pessoa caricaturada; o papel social e político da caricatura; a charge e o cartum como ferramentas poderosas de informação sobre fatos noticiados; a importância do Salão de Humor de Piracicaba como espaço de resistência democrática.

Durante as oficinas, os alunos ensinaram o processo de criação do personagem, que consistia em: rosto desenhado inicialmente a partir de uma forma ovalar e linhas de esboço para olhos, nariz, boca e orelhas. Essa forma adquire outros formatos triangulares de base ou invertidos, quadrangulares, arredondados, hexagonais, entre os mais diversos formatos de rosto. Também apresentaram o movimento do rosto, as expressões faciais, a criação dos personagens até chegar à caricatura. Nota-se que, durante os primeiros exercícios, muitas crianças se apegavam a modelos padronizados de desenho, mas aos poucos foram cedendo espaço para formas mais originais.

Após a oficina, os alunos avaliaram a ação em relatos orais e escritos, concluindo que "... quando se ensina aprende-se com quem está sendo ensinado"; "A educação é transformadora se você estiver aberto a ensinar outras pessoas"; "Concluímos que as crianças adquiriram uma ferramenta de observação de si mesmas e dos outros, abertas ao conhecimento e imaginando o seu próprio potencial criativo".

Em suas avaliações, os estudantes-oficineiros perceberam que, ao ensinar, aprende-se mais. Com isso em vista, avaliaram a ação como exitosa, embora também exigisse mais empenho e, por isso, precisaram replanejar o ato de ensinar: "Eu espero que os alunos tenham aprendido algo e gostado, embora fossem pequenos", destacou um dos oficineiros. A ação articulada da docência para exercícios de empoderamento possibilita que o estudante se perceba preparado para coordenar: "Achei legal porque também aprendi a fazer uma caricatura, ensinei às crianças e espero que tenham gostado da oficina. Gostei porque a oficina foi dirigida às crianças".

Figura 25
Oficina de charges, cartuns e caricaturas ministrada pelos alunos, por Bira Dantas

Durante o projeto, desenvolvemos esquetes teatrais inspiradas na obra *Pittadas de Maluf*, do chargista Claudio Oliveira, releitura que rendeu uma cena com os personagens Pitta e Maluf, aparecendo e sumindo nas janelas de uma imensa favela feita de papelão e jornal. Os alunos elaboraram cenas hilárias de uma cidade que sofreu nesse período tenebroso. Para isso, usaram o papelão para construir a favela-cidade. Com inúmeras janelas, o público nunca sabia onde Pitta e Maluf apareceriam. Nessa época, na TV começava-se a usar apitos para censurar expressões chulas ditas pelo entrevistado, recurso este que os alunos incorporaram nas peças teatrais de curta duração: os esquetes.

Figura 26
Teatro baseado na obra *Pittadas de Maluf*, por Bira Dantas

As artes interagem entre si, mesmo que o produto seja gestual, sonoro ou visual. Os artistas modernos buscaram retomar este princípio. Diz Scott McCloud: "Kandinsky e outros buscavam uma arte que, de algum modo, pudesse unir os sentidos e, com isso, unir as diferentes formas de artes que atraíam os sentidos. Chamam essa ideia de cinestética".[31]

Dá para criar cenas curtas?

Explore a expressão corporal e verbal dos alunos em que a charge ou a tirinha pode virar um pequeno esquete de teatro. Os alunos planejam o conteúdo, os personagens e o cenário preparando a apresentação de uma pequena cena, sempre com muito humor e irreverência.

Em palestras lotadas, os autores das charges contaram de forma interativa com a plateia sobre o seu processo criativo, suas escolhas, os materiais e a pesquisa realizada. O público de educadores e de sindicalistas, impactado pela desenvoltura e pelo conhecimento sobre o tema, entendeu que o projeto desenvolvido na escola culminou no protagonismo dos alunos-autores. "O que diferencia o conhecimento de tantas outras ações do corpo é sua potência de ativar outros movimentos. O que importa não é o conhecimento acumulado, mas o que ele faz conosco e aos outros".[32]

NA ESCOLA: UMA ARTE PUXA OUTRA

A docência do professor de Arte exige a constante busca por materiais que apresentem potencial didático, mesmo que não tenham sido produzidos com tal objetivo. Algumas das experiências a seguir partiram dessa preocupação com a pesquisa e a experimentação. São iniciativas de diálogos do desenho de humor com novos materiais e autores. O professor pode adaptar esses exemplos para a sua própria realidade e aplicá-los em sala de aula.

O músico Belchior criou melodias para 31 poemas de Carlos Drummond de Andrade lançadas em CD duplo intitulado "As várias caras de Drummond", que foi acompanhado de um encarte com 31 caricaturas do poeta feitas pelo próprio Belchior. Na escola, após apresentarmos o trabalho de Belchior, propus aos grupos de alunos musicar alguns poemas de Drummond e caricaturar o poeta em suas diversas facetas poéticas. Inspirados pela ideia de que uma arte puxa outra, a turma estudou e criou máscaras drummondianas no "estilo Steinberg", cartunista romeno que elaborou máscaras em papel, finalizando com a apresentação das divertidas e criativas melodias. Quanto aos desenhos, é preciso ressaltar as dificuldades e os artistas que ajudaram nessa superação.

Em nossos primeiros encontros, os educandos demonstravam dificuldades como ausência de um traço contínuo e a pouca habilidade para manipular materiais nas aulas de Artes. Era comum que só alguns alunos – em média um por turma – permanecessem desenhando desde a infância. Para todos os outros, faltava aprender a manipular materiais com criatividade. Em sala, ensino a criar com os poucos materiais disponíveis; e os livros paradidáticos levados para as aulas circulavam entre os grupos.

Figura 27
Sanfona de personagens. Acervo da autora

Como as Artes Plásticas (pintura, escultura, cerâmica, gravura) se relacionam com desenho de humor?
Além do desenho, o humor é utilizado por qualquer produção artística. Visite o site do Salão de Humor de Piracicaba e conheça as pinturas e as esculturas de humor, em que alguns artistas exploram a tridimensionalidade. Os objetos cotidianos podem ser utilizados como suporte para o humor. Observe exemplos em: https://salaointernacionaldehumor.com.br/caricaturista-e-escultor-brasileiro-vence-45a-edicao-salao-de-humor-de-piracicaba-sp/.

Atividades propostas para a elaboração de personagens aleatórios se tornavam uma diversão para os alunos, tendo como referência as produções visuais de Guto Lacaz, que eram muito apreciadas durante as aulas, assim como as tiras da Mafalda e outros cartuns do mestre argentino Quino. Essas referências inspiravam as produções dos alunos. Eram apresentados ainda os trabalhos do cartunista Caulos e a obra *Zoom*, do ilustrador Istvan Banyai, com suas surpresas visuais.

Para incentivar o processo criativo dos alunos, é importante sempre propor atividades diversificadas. A seguir, observa-se a subtração da forma geométrica realizada no Paint, software empregado para a invenção de desenhos simples e para a edição de imagens:

Figura 28
Exercícios de subtração da forma geométrica. Acervo da autora

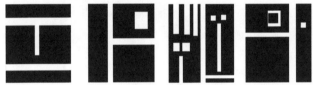

Figura 29
Personagens criados pela subtração do quadrado e do círculo com a malandragem dos tracinhos, diria Ziraldo! Acervo da autora

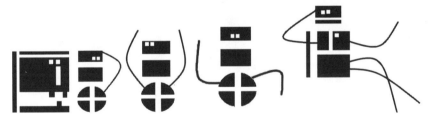

O ensino não é do desenho em si, mas o objetivo é preparar os estudantes para a descoberta de imagens a partir dos próprios sentimentos e interesses, encontrando-os na vida. As atividades para um desenho criativo, propostas durante as aulas, davam vida a personagens ou a cenários nas sombras, nas rachaduras, nas manchas, nas nuvens, no papel amassado, em barbantes aleatórios. As turmas sempre se deparavam com o inesperado, uma faísca que possibilitava ao trabalho docente romper com as práticas escolares repetitivas e previsíveis. As linhas transportavam expressividades em suas singularidades gestuais.

Figura 30
Personagens criados em nuvens, manchas de aquarela e desenho de observação a partir de papel amassado. Acervo da autora

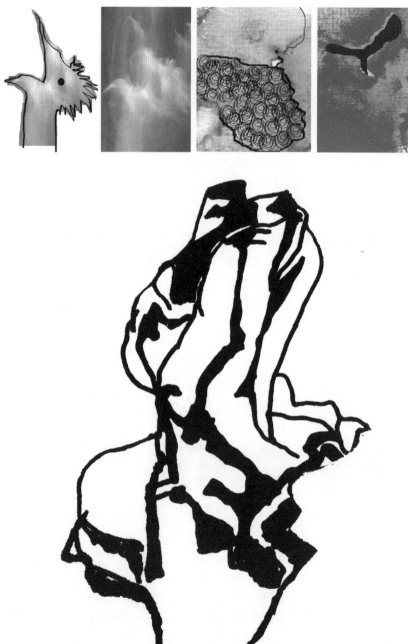

Figura 31
Manchas e rabiscos que viram personagens. Acervo da autora

Figura 32
Personagens surgem de riscos, colegas e fotografias. Acervo da autora

Figura 33
Personagens nascem de fotografias. Acervo da autora

É a fábrica de ideias para proporcionar experiências significativas aos alunos.

Exercício para aquecimento.

Utilizando jornais e revistas selecione fotografias de objetos e pessoas. Em seguida, recorte olhos, bocas, nariz, cabeças, corpos, e embaralhe, montando seres diferentes. Desarranje o real oferecendo novas imagens e brincando com as formas. Quando estiver satisfeito, cole a imagem criada incluindo frases engraçadas ou onomatopeias. Você pode realizar essa atividade de forma digital utilizando programas de imagens no computador, como o Paint. Escolha alguns objetos ao seu redor e projete a sombra deles utilizando um foco de luz, contornando sua silhueta em uma folha branca. Juntando objetos diferentes, você poderá criar imagens novas e divertidas.

Vamos desenhar?

Para exercitar o desenho é preciso soltar a mão e "levar a linha para passear", como diria Paul Klee. O artista disse que a arte não consiste em expressar o que é visto, mas em torná-lo visível. Para criar um personagem, peça aos alunos que desenhem linhas aleatórias em um pedaço de papel, que olhem ao longo dessas linhas para, em seguida, inserir olhos, boca, nariz, cabelo e outros detalhes. De tal modo, professor e alunos farão personagens a partir de manchas e traços simples.

Fazendo um pacto da criação: inventando personagens "do nada" ou ensinando a ver o invisível

Aprender arte é conseguir ver o invisível, não é representar a realidade, mas apresentar outros mundos possíveis fisgando o não visto na rachadura, "na fissura que ninguém viu", diria o filósofo Gilles Deleuze. O invisível existe, basta que ganhe visibilidade.

As atividades sugeridas nesta seção do livro são direcionadas aos educadores, mas também aos leitores que tenham interesse em se aventurarem no universo do desenho criativo.

Às vezes, Henfil desenhava sem olhar e tudo dava certo. Considerava que as pessoas aprendem a desenhar como "fulano de tal", mas que, depois precisam desaprender porque só fazem coisas que já existem. É melhor aprender a desenhar por suas próprias pernas, ou melhor, mãos, a procurar o seu "Touro de Picasso". Caricatan é um exemplo de multiplicador de imagens originais.

Caricatan é a caricatura que nasce do tangram, um quebra-cabeça geométrico chinês de sete peças. Por meio dessas peças em papel, os alunos brincam ao criarem caricaturas aleatórias. Esses experimentos em papel são fundamentais para criar a memória visual das configurações. Mexendo as peças na mesa, sem usar cola, os alunos realizam um desenho de observação a partir da montagem, em seguida desfazem e criam outras composições. Depois, com o uso dos atuais recursos tecnológicos, é possível fotografar no celular e, ao final, publicar os tangrans de forma on-line. Há diversos sites com os jogos de tangram, sendo *Mathigon* um dos mais conhecidos. Há ainda o tangram de linha circular com semicírculos que aumenta a multiplicidade de caretas aleatórias, saindo, assim, das previsíveis linhas retas. Invente o seu tangram circular com sete semicírculos côncavos!

Figura 34
Exemplos de caricatans inventados em aula. Acervo da autora

Figura 35
Caricatan: sempre abusados esses personagens buscam ter vida própria. Se acham!
Tome cuidado com eles. Acervo da autora

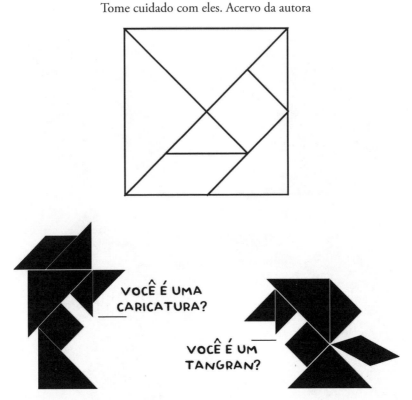

Com forte senso de julgamento e preocupados com o produto final, muitas vezes os alunos se frustram com o resultado de seus trabalhos. Os personagens devem surgir sem medo. Esse direito deve ser incentivado, desvendando os meios para inventar novos traços. Com o tempo, a descoberta de um caminho pessoal dará aos alunos a confiança necessária para criar um novo desenho nunca imaginado. A arte tem o poder de acolher os processos inacabados, a fim de que sejam revisitados e, mesmo após futuras soluções plásticas, todo o experimento seja acolhido. Assim, cada passo construído cria uma memória que se opõe às formas prontas e aos modelos já massificados. Um exercício importante é montar uma exposição com desenhos sobre um mesmo tema e o professor apreciar os olhares diferentes sobre a mesma realidade observada, quais elementos foram selecionados para desenhar, além de propor desenhos de memória.

Figura 36
Personagens nascem em detalhes, totens, círculos ou linhas agrupadas. Acervo da autora

Assim, proponha o desenho de personagens de memória e que sejam diferentes de sua imagem-matriz. Experimente sugerir aos alunos: lembrar e desenhar um Bob Esponja, ou outros personagens, sem muitos detalhes. Faça uma exposição de Batmans, vampiros, quaisquer personagens que os alunos conheçam. Vale Batman fraco, magro, gordo, maltrapilho, baixo, medroso, porque o que conta é a imaginação.

O livro *Mauricio de Sousa por 50 desenhistas* apresenta a Turma da Monica desenhada pelas mãos de 50 artistas, 50 traços muito diferentes! O professor pode propor para que os alunos continuem a brincadeira (o leitor pode entrar se arriscar também!). Outras boas experimentações: criar personagens utilizando materiais descartáveis, como clipes de papel colados ou palitos de fósforo, dando vida a microrganismos, monstros ou vilões; criar um super-herói considerando esta sequência: a personalidade de um super-herói, a identidade secreta, onde ele vive, o disfarce, o grito de guerra, o fiel companheiro, os superpoderes, os vilões. Essa é a hora de se transformar!

Lembre-se: super-heróis precisam de vilões – ou por que não criar personagens baseados em heróis humanos do nosso dia a dia, como pessoas da sua vizinhança ou família?

Figura 37
Visto de cima: um mexicano pedala a bicicleta ou um prato pode cair da mesa? Ou seria ainda o detalhe da roda do carro? Acervo da autora

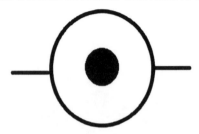

Figura 38
Personagens desenhados com letras. Acervo da autora

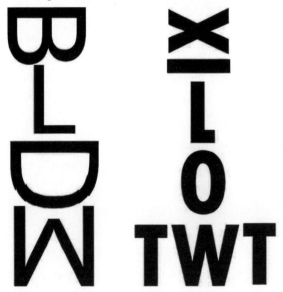

Outra atividade interessante: pensar em si mesmo e desenhar seu autorretrato ou incluir adereços transformando-se em personagem. Misture tipos diferentes, invente super-heróis, vilões ou pessoas normais como nós. Divida a turma em duplas ou quartetos e peça que transformem uns aos outros em personagens de quadrinhos.

Ao criar o personagem, Henfil dava força aos olhos e à boca, enquanto o corpo era uma massa em movimento. O seu desenho parecia uma caligrafia e o artista dizia que desenhistas muito técnicos não deixavam o traço fluir e considerava que o desenho muito completo era "feio, forçado e teatral":

> Raoul Duffy foi quem me possibilitou desenhar. Antigamente, eu falava nele e ninguém sacava. Eu não sei desenhar. Para mim, é como mastigar pedra. Eu sei fazer tracinhos, juntá-los e formar figuras. Tanto é que tenho de desenhar muito rápido, para que saia alguma coisa parecida com o que eu gostaria de fazer. Meu desenho é caligráfico. Desenho como escrevo. Sabe como é que é? Quando você está escrevendo uma carta, está preocupado com o que está pensando e sai naturalmente. A mão vira uma espécie de terminal nervoso do seu cérebro. É assim que desenho. Se for ficar preocupado com a minha mão, a ideia não sai tão fluente.[33]

Para um exercício da clareza visual: faça linhas, tente juntá-las e, como sugeriu Paul Klee, conforme dito anteriormente, "leve-as para passear" de forma mais intuitiva. Quanto mais simples for o layout, mais claro será o desenho. Os vazios na composição são as respirações entre uma forma e outra. Com eles, o olhar descansa para entender a próxima imagem.

Pense nas linhas que apontam para cima e para baixo demonstrando estados de ânimo. Um sorriso com a sobrancelha indicando para baixo pode virar um rosto de maldade. Combine expressões e descubra seus efeitos. Ensaie distintos graus de intensidade na expressão, depois disso, inclua símbolos gráficos que apoiem as expressões. Você lembra que fazíamos o homem-palito? Partindo do desenho do homem-palito, incluiremos ombros, quadris, quebraremos pernas e braços mostrando que há articulações e alguma carninha no esqueleto.

Vejamos como resolver o problema do movimento. Folheie HQs e observe como o desenhista resolveu o movimento. Mude os planos de imagem de seu quadro. Pesquise imagens em diferentes ângulos e perspectivas: de cima para baixo e vice-versa, identifique closes e detalhes.

Desenhe sem olhar para o papel e com os olhos fixos naquilo que deseja desenhar. Deixe seu olhar captar cada detalhe do que desenha. Faça um rabisco na folha e encontre um rosto ou um personagem inventado por você. Para isso, inclua detalhes como olhos, dentes etc.

Figura 39

Personagens a partir do risco e desenho a lápis para o digital. Acervo da autora

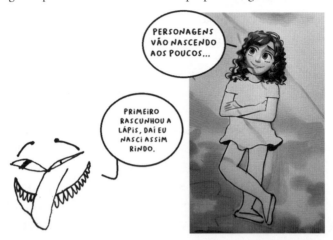

Brinque com as formas do seu dia a dia. Desenhe de memória, depois observe o objeto e adicione o que falta. Faça desenhos de tudo o que encontrar: vassouras, bicicletas, brinquedos, guarda-chuvas fechados ou abertos, ferramentas, baldes, panelas, óculos, relógios, um animal, o que estiver à sua frente, plantas, o seu pé e tantas coisas quantas puder encontrar. Imagine monstros de cinco cabeças e tantos outros seres impossíveis de existir.

Figura 40

Personagens criados a partir da obra *Para hacer historietas*. Acervo da autora

O livro *Para hacer historietas* de Juan Acevedo é um importante apoio para os exercícios. No quadro da sala de aula, os alunos são desenhados pelo professor e pelos próprios estudantes, usando apenas as linhas essenciais para captar a beleza única de cada um. Ao criar quadrinhos, devemos pensar de forma simples, onde o menos é mais. O humor da tirinha está em uma ação inusitada e na subversão das expectativas, utilizando expressões exageradas e cenas aleatórias.

Vamos visitar a biblioteca ou levar livros para a sala?

As bibliotecas escolares e as de bairro possuem normalmente obras de HQ para dias de leitura e apreciação das artes. Sobre os elementos da arte sequencial, Will Eisner é o mestre com as obras *Desenhando quadrinhos*; *Quadrinhos e arte sequencial*; *Narrativas gráficas: princípios e práticas da lenda dos quadrinhos*. Scott McCloud trata de desenho de humor e arte sequencial com as obras *Desenhando quadrinhos*; *Reinventando os quadrinhos*; *Desvendando os quadrinhos*. Essas obras são uma importante referência para os educadores e para o público interessado em humor gráfico.

Peça aos alunos que pesquisem um inseto e façam desenhos a partir de suas fotos. Depois, que imaginem quatro quadrinhos sem escrita, a quem chamamos de tirinha, e elaborem uma história, como por exemplo: 1- uma fila de pulgas; 2- depois começam a sair da fila; 3- ficam loucas e começam a pular; 4- invente o quarto quadrinho. A criação de uma tempestade pode incluir: 1- Vento soprando folhas amassadas e bolas de papel; 2- algumas gotas indicam que o tempo vai mudar; 3- a chuva engrossa; 4- você inventa. A seguir, sugiro outras ideias: a) o menino; o mágico; a mágica; a surpresa; o desaparecimento; b) o estudante; o desenho; a professora; cena divertida; c) a menina; o lobisomem; o vampiro; a dúvida d) o cachorro; a caveira; o buraco; o desastre e) adolescentes; aniversariante; o bolo; de repente o amor.

Confira a seguir o passo a passo da caricatura de Plinio Marcos, David Levine e Dave Simons, com esboço suave de estudo a lápis e finalização.

Figura 41
Caricatura, passo a passo, do escritor Plínio Marcos, por Bira Dantas

Figura 42
Caricatura, passo a passo, do caricaturista David Levine, por Bira Dantas

Figura 43
Caricatura, passo a passo, do cartunista Dave Simons, por Bira Dantas

Na sequência, as caricaturas de Pixinguinha e Carolina de Jesus aparecem já finalizadas em grafite e caneta nanquim. Nelas, o artista trabalhou hachuras, que são linhas paralelas ou perpendiculares, dando o efeito de sombreado e volume. As hachuras foram muito utilizadas nas gravuras em madeira e metal desde a Idade Média. Enquanto o branco compositivo dá centralidade ao elegante Pixinguinha com o seu saxofone; em Carolina de Jesus, a paisagem anuncia as viagens que a escritora, elegante e vaidosa, realizou para a divulgação de seu livro.

Figura 44
Caricatura do músico Pixinguinha, por Bira Dantas

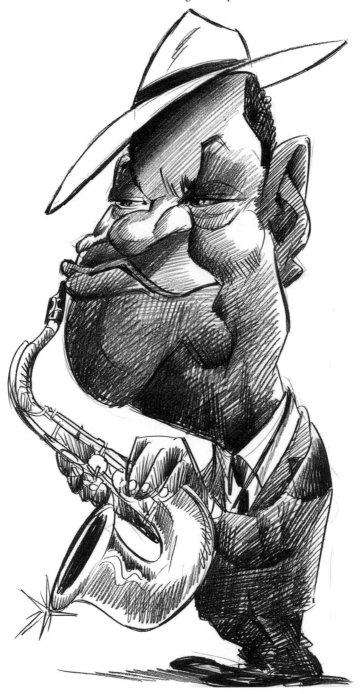

Figura 45
Caricatura da escritora Carolina de Jesus, por Bira Dantas

    As caricaturas de Pixinguinha e Carolina de Jesus foram criadas a partir do contexto dos artistas. Já na criação da charge sobre demarcação de terras indígenas, o conteúdo é fornecido pela matéria jornalística. O cartunista brinca com as ideias conflitantes sobre quem protege e quem explora a terra: "terra é vida" na demarcação dos territórios indígenas e "terra é minha" com o marco temporal. No Brasil, os políticos do agronegócio buscavam aprovar o marco temporal, limitando a demarcação de terras indígenas o que resultaria em 55 milhões de hectares de desmatamento das áreas nativas com emissão de 7,6 a 18,7 bilhões de toneladas de dióxido de carbono. A charge ganhou menção honrosa no Salão de Humor de Piracicaba.

Figura 46
Matéria jornalística que vira charge - Revista *Carta Capital* em 29/12/2023

Figura 47
Charge Territórios indígenas, por Bira Dantas

A leitura compartilhada é construída por diferentes olhares mediados pelo professor. Assim, apresento adiante essa partilha de significados sobre uma charge que, do mesmo modo que o marco temporal, brinca com duas expressões de sonoridades semelhantes.

A TURMA LÊ O DESENHO DE HUMOR

Durante a leitura na escola, a turma, em posse da cópia da imagem, se divide em pequenos grupos. A charge é do cartunista Márcio Baraldi, artista que visitou as escolas. É uma charge que permanece atual, já que sua temática se estende no tempo histórico. Em itálico destaco a fala da professora em diálogo com os alunos.

Figura 48
Charge Campo e Cidade, por Marcio Baraldi

Enquanto isso, em algum lugar do universo, uma professora e os alunos muito maluquinhos tentam decifrar as imagens de uma charge e entender o superpovoamento das grandes cidades. Piadas e risadas são acolhidas ao passo que o objetivo da aula é sempre retomado.

— *Vocês receberam um desenho. Essa imagem conta alguma história?*

— Ah, tem mato.

— Engraçado, tem dois quadros, mas não é quadrinho.

— Pode fazer em dupla de três? (risos)

— *Vocês já estão em pequenos grupos. Se liga! É verdade, há chargistas que desenham mais de um quadro*, observo.

— E aquela teia de aranha no mato?

— Tá presa na enxada.

— Comequiê? En... o quê?

— Enxada. Ajudo os meus avós quando viajo lá para o interior de São Paulo. Com ela a gente prepara a terra para plantar.

— Vejo que perto da gente tem a enxada fincada no chão com teia de aranha.

— *Muito bem, vamos chamar o "perto da gente" de primeiro plano. Lembra que falamos sobre isso nos filmes do Eisenstein e do Chaplin?*

— Ui, madame. Depois tem o segundo plano, o terceiro...

— Tem cerca e uma placa com um nome que não sei o que significa: latifúndio.

— Lá atrás tem muita terra, são montanhas em forma de triângulo.

— E aí vem a frase "Enxadas paradas".

— *Certo, então anotem aí as palavras enxada e latifúndio que depois pesquisaremos no dicionário. Que lugar é esse?*

— É no interior... será sítio? Roça?

— *Vocês acham que viram todos os detalhes do primeiro quadro?*

— Sim, não tem mais nada. Vamos para o segundo?

— Nesse segundo quadro tem muita gente espremida e muito carro. Tudo é muito. Muito barulho, muito prédio, casas apertadas, muita poluição. Tem o homem da placa "Compro Ouro", já vi no centro. É a nossa cidade. A cara do povo, na cidade, é de sofrimento. Ele não tem casa e falta trabalho.

– É isso o que eu não entendo... se tudo é tão simples, por que não dá para planejar e distribuir o povo? Tanta terra sem ninguém e aqui tão pouca terra para nóis.

– Na igreja católica que eu vou tem a pastoral da terra e tem também a pastoral cidade e campo que compra alimentos do Movimento dos Sem Terra. E a gente ajuda, eles são os nossos irmãos. E a pastoral acompanha tudo.

– Cê quer dizer "manos", né?

Nos anos 1990, muitos jovens participavam das atividades sociais da igreja católica, desde cursinhos até as pastorais bastante ativas. A comunidade é grande e bem participativa na igreja.

– *A enxada está em movimento? Tem alguém trabalhando?*

– Isso aqui parece... tudo vazio, sem ninguém em uma terra abandonada. Faz tempo que não pegam na enxada, a teia se forma onde ninguém mexe.

– Meu, onde você viu isso? Mostra aí. Ahhhhh, tá safo.

– Enquanto no segundo quadro falta terra.

– Pissôra, o certo é inchada ou enxada?

– *Ótimo, vamos procurar no dicionário. Observem se há fotografia de enxada no livro de Geografia.*

Alguns alunos têm o seu minidicionário e já sabem onde pegar os grandes dicionários.

– Inchada significa que aumentou de volume, está dilatada, enquanto enxada é instrumento com que se cava a terra como a Kika falou.

– *Obrigada, são as palavras com mesma pronúncia e significado diferente.*

– Esse desenhista é bem esperto, palmas para ele, por favor. (Ergue os braços, o piadista.)

– *Olha quem fala, o rei dos trocadilhos! Aqui já vou fechando a descrição e iniciando uma fase mais interpretativa: mas deve ter um sentido para esses dois quadros?*

– Eu não sei, sou muito jovem pra saber onde as pessoas estão. Nem saio do meu bairro, não sei como é por aí.

– Cai na prova?

– Precisa entregar?

– Na Geografia a gente vai estudando explosão demográfica, proporção de habitantes por metro quadrado... Eu gosto desse estudo. Tem a zona rural e a zona urbana.

– O primeiro quadro é zona rural e o segundo, urbana.

– Muita gente foge para a cidade. A minha família perdeu a terra.

– E a minha nunca conseguiu ter uma terra.

– Daí vieram tentar a sorte na cidade, pagam aluguel e tudo mais. Mas se os meus avós pudessem plantar não teriam vindo para São Paulo.

– Sôra, a palavra latifúndio significa propriedade rural extensa de um único proprietário, podendo ser produtiva ou improdutiva.

– Ô pissora, nesse caso é propriedade bem improdutiva porque a teia de aranha diz tudo, é terra abandonada.

– *Boa observação! Se temos um problema no campo, isso vai refletir nas grandes cidades. Se há concentração de terras há um enorme êxodo rural. As cidades ficam inchadas se as enxadas estão paradas.*

– E as duas placas "latifúndio" e "compro ouro", hein pissora? Tem alguma coisa aí. Tem dinheiro na certa.

– *No Brasil, antigamente a população era rural, mas hoje, é urbana. Tudo isso aconteceu porque não houve planejamento. Há países no continente americano, na Ásia, na Europa onde já ocorreu a reforma agrária. Levante a mão quem teve pais, avós ou bisavós vindo para o Brasil ou São Paulo por problemas de terra ou falta de trabalho? Todos levantam as mãos. Descendem de italianos, árabes, nordestinos e mineiros.*

– *Agora é a pergunta de cem milhões de dólares: como você sabe que há barulho se não tem som?*

– Nessas palavras escritas. Como é mesmo o nome?

– *Onomatopeia é o som das coisas.*

– Sôra, tem uma charge que o desenhista de Piracicaba colocou uma bandeira do MST na pintura do Van Gogh. Esse artista é monstro. Até assistimos no filme do japonês que entrava na pintura.

– *Bem lembrado, tenho aqui, no livro, esta obra que ganhou primeiro lugar. É do Luccas Rodrigues. Ele incluiu camponeses e a bandeira do MST na pintura de Van Gogh, **Campo de trigo com ciprestes**.*

O desenhista Baraldi foi à escola, apresentou seu portfólio de trabalhos aos estudantes e conversou sobre seus primeiros desenhos ainda na infância. Contou que como filho de operários em Santo André, fazia pipa para vender na feira e que trabalhou como flanelinha, entregador de roupa de lavanderia e de panfletos. Enfatizou que era um bom aluno em português, teatro e artes visuais. Formou-se em Artes Plásticas, atuando como cartunista no Sindicato dos Bancários além de produzir desenhos para muitos grupos.

Finalizando o capítulo

Os nossos encontros de arte, nas oficinas culturais do estado de São Paulo, são relembrados pelo estudante Renoir Santos, que narra a descoberta do seu tema artístico. As atividades propostas buscavam inspirar assuntos de interesse dos alunos e que exigissem pesquisa de materiais. Para compreender diagramação e planos de imagem do cartum ou da HQ, foram analisados desenho animado e filme. Os alunos observaram o trabalho do desenhista Julio Shimamoto, suas HQs com traço xilográfico, além de cartuns e charges. Produziram o fanzine[34] *Naipe 1* para o lançamento da exposição de caricaturas, cartuns, charges e HQs. No relato a seguir, Renoir descreve a experiência que mudou o seu olhar:

> Pois bem, explicar minha influência e como foi concebida, para mim, não é ainda bem um esforço de memória. A oficina era ministrada pela arte educadora Betania Libanio. No primeiro dia instigou a criatividade do grupo usando cartões com gravuras e fotos de variadas expressões artísticas para que fossem escolhidas ao gosto de cada um, e pediu que se explicasse o porquê da escolha. Escolhi uma fotografia de vaqueiros com suas vaquinhas modelados em argila, arte original do Mestre Vitalino, artista popular de Caruaru PE, terra onde vivi dos 2 aos 12 anos de idade antes de vir para São Paulo com minha família. Quem conhece Caruaru e o Mestre Vitalino, sabe que este é motivo de muito orgulho na identidade local, assim como São João, o forró, e nomes como Jassinto Silva e Azulão representando esta identidade musical. Luiz Gonzaga também cantou mais de uma vez o forró de Caruaru, assim como Jackson do Pandeiro. A identidade cabocla, sertaneja, e matuta permeou minha formação, assim como permeia e é influência

na arte da maioria de artistas de pernambucanos que conhecemos. Bom, Chico Science e o manguebeat só ajudou a fomentar esta minha busca de identidade artística natural, os ecos do movimento do começo da década de noventa foram uma injeção de autoestima fortíssima para nordestinos no Brasil inteiro, e referências de ficção científica e histórias em quadrinhos são muito fortes ainda hoje nos remanescentes do movimento. Bom, voltando à história que posto aqui, o que posso dizer é que tem toda essa mistura, e uma autoafirmação de identidade com forte influência de causos sobrenaturais e ufológicos dos mais variados, comum em toda cultura rural brasileira, com fortíssimas pitadas de Arquivo-X, primeira série televisiva da qual virei fã incondicional à época. [...] Bom, tenho muito carinho por esta história, e ela representa muito uma mudança de olhar sobre uma expressão que desde muito cedo (desde que me conheço por gente) me influenciou e foi marcante e presente durante toda minha vida.[35]

O que é a cultura do fanzine na escola?

O que é um fanzine? Como se faz um? Como ele dialoga com o desenho de humor? Fanzine ou zine é uma publicação de HQ, com textos curtos explorando o humor sobre um determinado assunto ou tema. Comece ensinando a criar um zine com a folha de sulfite. Dobre a folha ao meio no sentido longitudinal. Dobre a folha ao meio novamente e por mais uma vez, até atingir 8 retângulos. Corte do centro até finalizar o quadrante (pontilhado). Dobre como um caderninho, prepare a capa com seu nome, imagem e/ou título.

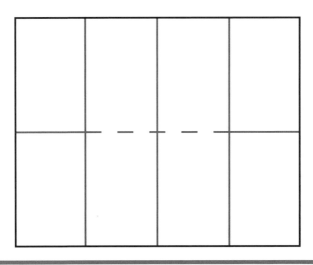

Renoir criou a obra *Calangos do céu* durante nossos encontros em 2001. Em dez páginas compunha o zine *Naipe 1* concebido durante os encontros. Atualmente, a antiga HQ feita no traço de nanquim recebeu versão digital.[36] O seu depoimento aborda a arte-educação deflagrando novas vivências estéticas em diálogo com a cultura do estudante. Se no começo do livro falei sobre a imagem que nasce da experiência, com *Calangos do céu* temos um exemplo primoroso. Atualmente Renoir Santos e Átila Fragozo compõem o grupo Paulestinos (síntese entre paulistas, nordestinos e latinos) e, entre diversas obras e lambe-lambes, criaram o grande painel "São Paulo: o cúmulo do samba" na parte externa da estação Vila Prudente do metrô.

Apesar de o traço ser objetivo, neste capítulo o leitor conheceu experiências de subjetividade artística incorporando o acaso, explorando o frescor da novidade ao combinar letras, números, manchas, rachaduras, colagens ou qualquer material que possa ser descartado. Arte é percepção, é preparar o olhar e experienciar. Os alunos se envolvem com a flexibilidade e a plasticidade que a imagem proporciona. Há charges e cartuns que se transformam em peças de teatro, em desenhos animados e em o que mais permitir a criação de uma estética visual. Assim, as diversas artes cooperam para uma compreensão mais profunda do desenho de humor, ativando o pensamento inventivo.

Convido os leitores, agora, a adentrar no universo dos cartunistas: o que nos revela o processo criativo destes artistas? É o que veremos a seguir.

os cartunistas

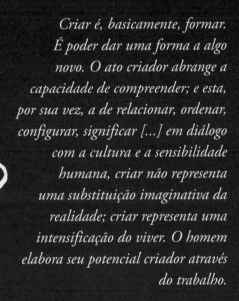

Criar é, basicamente, formar. É poder dar uma forma a algo novo. O ato criador abrange a capacidade de compreender; e esta, por sua vez, a de relacionar, ordenar, configurar, significar [...] em diálogo com a cultura e a sensibilidade humana, criar não representa uma substituição imaginativa da realidade; criar representa uma intensificação do viver. O homem elabora seu potencial criador através do trabalho.

Ostrower

Os cartunistas aprenderam a desenhar na escola? Como será o trabalho de quem não pode esperar a inspiração chegar? Diariamente, com a hora certa para a entrega da obra, como esses artistas resolvem a falta de uma ideia? Este é um capítulo que apresenta uma comunidade de artistas com uma longa história em comum, compartilhando experiências (e piadas!), colaborando nas publicações e promovendo exposições. O que pensam sobre a escola que estudaram? Quais são as dicas que deixam para professores e alunos? Primeiramente, apresento o grupo de cartunistas e justificamos que, contrariamente à minha intenção inicial, não consegui entrevistar mulheres cartunistas.

O e-grupo *ImagoDays* tem esse nome que pode ser traduzido por "dias de imaginação", sendo uma mistura do latim "*imago*" (imagem, representação visual de algo) com a palavra inglesa "*days*" (dias). Com esse sentido de "dias de imaginação", *ImagoDays* era um trocadilho infame e irônico com "Imago Dei" (imagem de Deus). O e-grupo foi criado e coordenado por Henrique Antonio Kipper, um dos expoentes da ilustração e dos quadrinhos surgidos na década de 1980. Kipper é considerado alguém que deu uma grande contribuição para a área das artes gráficas, tendo sido premiado, em 2001, com o 13º Prêmio HQMIX.

Kipper é um artista gráfico que percebeu a força que a internet trazia com os e-grupos, que eram agrupamentos de mensagens eletrônicas em uma lista compartilhada por participantes. Tais listas antecederam as redes sociais, como o Orkut e o Facebook, mas, ao contrário delas, os e-grupos buscavam debates virtuais com a presença de moderadores. Kipper criou os grupos *ImagoDays*

e *FrontBraza*, reunindo desenhistas espalhados pelo Brasil e pelo exterior em torno de um projeto. Até 2002, publicar um livro no Brasil era uma aventura difícil e para poucos, os custos editoriais e gráficos eram irrealizáveis para produções de baixa tiragem. Logo, os artistas traziam o conhecimento do fanzine para as publicações, dividindo os custos e cotizando as tiragens.

Um dos participantes, o cartunista Orlando Pedrosa recorda que o cenário nos anos 1990 não era bom. "As publicações de banca haviam minguado, editoras passaram a investir em álbuns de luxo, a economia sofria de anemia profunda e ainda não existia uma tecnologia que barateasse os custos de pequenas tiragens...". Kipper era contrário ao humor pelo humor, almejava que as discussões fossem conceituais e aprofundadas, destaca Orlando, dizendo que "Incentivados pelos moderadores, especialmente Kipper, os artistas trocaram experiências, ideias, sentimentos, valores, dificuldades, soluções, projetos coletivos, procedimentos das artes plásticas e gráficas, debates políticos, esboços, roteirização, quadrinizações de obras literárias, zines, produções virtuais, adaptação do impresso virtual e elaboravam vários projetos".[37]

No e-grupo, os sobreviventes dos anos 1980 e 1990 se encontravam, e seus integrantes haviam produzidos obras raras. E, sem ter onde as publicar, e como recém-formados, procuravam o caminho das pedras. Nos encontros organizados pelo grupo, podiam conhecer as produções individuais de cada artista e reduziam custos ao se agruparem em projetos coletivos temáticos.

Os grupos *Imagodays* e *FrontBraza* surgiram com o propósito de reunir um grande número de desenhistas de todo o Brasil "para fazer toda essa gente solitária se sentir parte de uma tribo de projetos". Estudiosos e autodidatas, esses artistas cultivavam o desenho desde a infância, combinando simplicidade, prazer pela profissão e uma profunda conexão com a arte.

Até os anos 1990 contávamos com poucos livros de HQ publicados no Brasil,[38] ainda que a arte gráfica fosse centenária e os experientes cartunistas representassem fontes vivas da práxis artística. Reconhecidamente, Mastrotti foi quem reuniu esses artistas independentes e criou uma editora em 1999 para apoiá-los. Seus livros eram publicados em forma de cooperativa (cada autor participava dos custos de publicação e recebia uma cota de livro correspondente ao investimento) e os projetos foram por ele organizados e editados.

MASTROTTi

Das publicações, cito as seguintes obras estudadas nas aulas: *Tiras de Letra* (coletânea de tirinhas de diversos autores, que teve dez volumes entre 2003 e 2010, com 243 tiras em cada edição), *Humor Brasil - 500 anos* (vencedora do 13º Troféu HQ Mix de melhor projeto editorial) e *Humor pela paz e a falta que ela faz* (vencedora do 15º Troféu HQ Mix de melhor publicação de cartuns).

Nas diversas exposições realizadas, houve lançamento de originais, premiações, eventos, debates. Após várias discussões sobre desenho humorístico na *Associação dos Quadrinhistas e Caricaturistas do Estado de São Paulo* (AQC) e no e-grupo *ImagoDays*, divulguei um questionário digital no formato de uma *entrevista livrenarrativa*. Optei por trabalhar com fontes vivas e históricas da arte gráfica brasileira, ou seja, profissionais da área que, como técnica exploratória, auxiliam na "problematização do tema e na delimitação da hipótese".[39]

A proximidade do grupo facilitou o diagnóstico prévio do campo de pesquisa e a elaboração de uma entrevista. O conhecimento sobre o assunto auxiliou na escolha das perguntas abertas, que o entrevistado deveria responder de maneira espontânea, usando linguagem própria e expressando suas opiniões. Por esse motivo, a análise tornou-se complexa e demorada. O grupo focal participou de entrevista individualizada, mas também debatia abertamente na lista virtual com informações qualitativas que revelaram "experiências, sentimentos, percepções e preferências".[40]

A técnica de coleta de dados partiu de uma entrevista estruturada na qual os artistas conceituavam as seguintes categorias: charge, cartum, HQ, caricatura, processo criativo e a memória da arte na escola. O roteiro foi previamente estabelecido com informações complementares às fontes documentais e bibliográficas. Para a análise de dados, considerei as concordâncias, as mudanças de opinião e as histórias pessoais relevantes. Como os entrevistados sempre debateram na lista ou na AQC (Associação dos Quadrinistas e Caricaturistas de São Paulo), muitas discussões foram aprofundadas no grupo e complementadas pelos entrevistados.

O grupo contou com a participação de cartunistas brasileiros, atuando como espaço de debate e de publicação de livros coletivos. Os seguintes artistas participaram da entrevista para este livro: André Leal, André Luiz Barroso, André Kitagawa, Antonio Carlos de Paula Junior Junião, Artur Bernardo de Carvalho (*in memoriam*), Bira Dantas, Carlos Cesar Leal Xavier Caco, Cícero Lopes da Costa, Daniel Bueno, Edgar Franco, Eduardo Baptistão, Eduardo Caldari Junior, Érico San Juan, Fábio Jorge Monteiro de Souza Faoza, Fernando Feijó, Flávio José Teixeira de Almeida, Gerson White, Henrique Antonio Kipper, Ivan Cabral da Silva, Joanny Jasper Joannynha, João Spacca, João Vicente Mendonça, José Alberto Lovetro Jal, José Aparecido Ramos Zérramos, José Custódio Rosa Filho, Leandro Roberto Bierhals Bezerra, Luciano Irthum, Luis Carlos Heringer, Marcelo Andrade, Marcelo Martinez Fonseca, Marcelo Zikán Cardoso, Mário Mastrotti, Mauricio Maciel Figueiredo Maxx, Valfrido Ricardo Martins Rico, Walmir Américo Orlandelli, William Jeovah de Medeiros.

MARCELO MARTINEZ

ORLANDELLI

Os eventos semanais, com lançamentos de publicações e exposições de arte, aos finais de semana eram continuados nos debates virtuais. *Pro ano não acabar em pizza* era o mote do encontro anual que ocorria em uma pizzaria paulistana, quando os artistas ilustravam uma grande tela, exposta por um ano até ser leiloada. Organizada por Custódio, a confraternização se repetiu ao longo de uma década. Charges, caricaturas, cartuns, performances e protestos eram "um lembrete dos cartunistas à sociedade sobre os episódios da política brasileira que não correram da forma que desejávamos; sem perder de vista o bom humor", explica Custódio.[41]

Apresento, em seguida, a experiência escolar dos artistas, seus métodos de criação e os valores atribuídos às artes, baseando-me nas entrevistas, discussões em fóruns e participações em eventos relacionados ao humor gráfico.

OS ARTISTAS E A ESCOLA

A escola teria sido o berço criativo dos cartunistas? Os professores os influenciaram na escolha profissional? A escola oportunizou metodologias e materiais incentivando ações criativas?

Os cartunistas apontam que, na escola da segunda metade do século XX, não se aprendia arte, pois não era de grande interesse dos adultos, limitando-se a desenhos para datas comemorativas. Não aprenderam técnicas, sendo tudo feito obrigatoriamente como dever de casa. Zérramos estudou no tempo da disciplina "Trabalhos Manuais",[42] porém sem desenvolver as potencialidades artísticas. Para o grupo entrevistado, os professores e o conteúdo ministrado eram formais.

ZÉRRAMOS

Caldari recorda que foi através do desenho que ele se tornou uma referência para os professores, embora nunca tenha aprendido novas propostas na escola. Seu crescimento, no campo artístico, ocorreu impulsionado pela curiosidade, apenas por meio de tentativa e erro, sem nunca ter consultado livros de arte, devido aos materiais inacessíveis pelo preço até os dias de hoje.

CALDARI

O interesse pelas artes foi marginal para Feijó e a influência da arte na vida escolar de Caco foi nula; somente as expressões artísticas externas o cativaram, como: desenho, fotografia, escultura, teatro, cinema e música. De tal modo, foi somente no ensino superior que teve sua primeira experiência formativa marcante.

FERNANDO FEIJÓ   CACO

Os entrevistados chegaram à conclusão de que falta arte na escola. Baptistão frequentou aulas de Música e História da Arte, entretanto não tiveram relevância em sua formação. Ele começou a se interessar por desenho em casa. E Custódio mal se recorda da sala de aula, lembra apenas de ser uma criança desenhista, como todas são, e pondera que a profissão se define, muitas vezes, tardiamente. Rico percebe que a falta de acesso à arte nas escolas é um obstáculo para o desenvolvimento da inteligência e da percepção.

BAPTISTÃO   CUSTÓDIO   RICO

A aula de Arte ultrapassou os muros da escola, recorda Mastrotti, que desde pequeno teve aulas que o incentivaram: "inclusive o primeiro zine que produzi foi na aula de Educação Artística. Aos 6 anos minha professora percebeu que, pelo meu nível de expressão, deveria ser encaminhado para uma escola especializada". Ele começou a estudar pintura em aquarela, óleo sobre tela, na Fundação das Artes de São Caetano do Sul, cidade onde nasceu e reside, o que possibilitou seu crescimento fora do ambiente escolar convencional. Defende a inclusão e maior conexão da HQ integrada ao conteúdo das disciplinas escolares.

O incentivo da família e dos amigos foi fundamental para que André Leal continuasse a praticar seus desenhos. A atenção especial que recebia dos professores de arte motivou seu processo criativo independentemente dos programas escolares. Junião, por outro lado, enfrentava dificuldades no ensino de uma arte desvinculada de atividades expressivas. No primário, era obrigado a pintar desenhos mimeografados e no antigo ginásio o professor só ensinava desenho geométrico, sendo o material utilizado restrito à régua, ao compasso e ao transferidor. Desenvolveu a sua expressão artística em casa e, posteriormente, no curso superior de Educação Artística.

JUNIÃO

A trajetória de Ivan Cabral ilustra como os professores se aproveitam do potencial artístico de alguns alunos, sendo que nada era é exigido, ensinado ou estimulado. Ivan dedicava-se a criar cartazes para a escola e suas primeiras pinceladas foram autodidatas. E na antiga escola de Kipper era preciso se destacar em alguma habilidade para ser reconhecido, enquanto alguns faziam todos os cartazes, outros jogavam futebol. Professores de diferentes disciplinas pediam que desenhasse capas para provas bimestrais e cartazes cívicos, demonstrando desde cedo sua veia artística.

IVAN CABRAL

Alguns cartunistas, como é o caso de Spacca, receberam influência dentro e fora da escola. Sua mãe, que era educadora e diretora na educação infantil, teve um papel importante em sua trajetória artística. Fez seu primeiro bom trabalho na parede da escola onde ela trabalhava. "Fuçava" a biblioteca que ficava em um pequeno armário. As aulas de Arte incentivaram-no a mostrar seus desenhos fora do ambiente escolar, chegando até a serem publicados em jornais. Barroso estudou em uma escola experimental, onde a arte era fundamental. Vivenciou aulas de música, educação artística, artes populares e xilogravura incentivado pela mãe, então a arte sempre rondava a sua casa.

ANDRÉ BARROSO   **SPACCA**

Joannynha Jasper se considera um felizardo por ter estudado Educação Artística na "escola do governo", pois foi durante esse período que teve seu "primeiro contato com o mundo das cores, o que, no futuro, iria ser útil para mim. Foi lá que aprendi as cores básicas, e foi também nessa época que fiquei responsável em elaborar e até fazer alguns dos murais de recado e cartazes em cartolina", recorda-se. Os professores de Arte lhe ensinaram a técnica de esfumar com lápis crayon para obter um efeito suave, algo que ele tenta replicar no micro.

JOANNY JASPER

Durante a infância, a principal brincadeira de Kitagawa era desenhar, e assim foi aprimorando suas habilidades como autodidata. Nas aulas de Educação Artística, aprendeu algumas noções de cores primárias e descobriu o gosto pela escultura, impressionando professores e colegas com suas habilidades.

KITAGAWA

Gerson Witte percebeu que suas habilidades artísticas eram superiores às de seus professores e que, embora não fossem muito envolvidos com as artes plásticas, proporcionaram experiências relacionadas ao teatro e à música. Durante as aulas de Educação Artística, teve noções básicas sobre cores primárias e descobriu seu gosto por escultura, embora não tenha se aprofundado no assunto. Ele utilizava seu talento no desenho para impressionar professores e colegas. Sentiu o desejo de explorar outras formas de expressão artística, começando a desenhar livros e quadrinhos. Através de seus desenhos, Gerson expressava o que não conseguia verbalizar e posteriormente, na Faculdade de Educação Artística, desenvolveu uma forte identificação com a História da Arte.

Bueno foi acompanhado pela arte da pré-escola à universidade. Ao longo de seis anos, estudou em duas escolas que souberam motivar as crianças a desenharem de forma expressiva, em Ribeirão Preto/SP, onde algumas professoras percebiam o seu envolvimento com o desenho. Seu pai desenvolveu uma técnica inovadora para a criação de gibis.

A minha paixão pelas histórias em quadrinhos começou cedo e ela sem dúvida influenciou esse meu interesse pelo desenho e pela arte. E os desenhos animados também. Até os 10 anos, fiquei completamente apaixonado pelos desenhos (e quadrinhos) de Walt Disney. A "fantasia" desses universos me dava prazer extremo, e isso tudo me inspirava e me motivava a criar também. Com 5 anos eu produzia ininterruptamente revistinhas de quatro páginas. Eu desenhava e depois ditava o texto para o meu pai escrever. Aos 7 anos comecei a inventar personagens de forma organizada, repetindo-os sistematicamente nas revistinhas que eu criava. Acho que o principal fator responsável pelo meu interesse pelo desenho não foi a escola, mas a minha vida cotidiana (quadrinhos, desenhos animados, lápis e papel, a disposição em casa). A pré-escola contribuiu estimulando o gosto pelo desenho que eu já trazia de casa.

Esses potenciais espaços educativos que inspiraram tanto a sua criação artística na educação infantil não foram encontrados na escola de ensino fundamental. Para Bueno, é notável o dano causado pela escolarização ao ingressar no ensino fundamental:

No primeiro grau, senti um choque cultural. Saí da escolinha que era uma chácara com muitas árvores e brinquedos e fui para um colégio do estado com apenas um pátio cimentado. Faço essa comparação porque acredito que essa diferença de espaço é reflexo de uma diferença de postura frente à pré-escola e ao primeiro grau (ensino fundamental). É nítido o privilégio dado à escrita e ao conhecimento objetivo, relegando ao segundo plano a arte e ao desenho. No primário são esboçados os primeiros passos rumo ao mundo adulto, o mundo das pessoas "sérias" e "objetivas". E o desenho, que é uma forma de expressão e representação diferente da escrita, é posto pelas escolas como um estágio do aprendizado, a ser utilizado apenas quando não se sabe escrever.

Na educação infantil, as crianças não sabem escrever e o desenho é valorizado, enquanto que no ensino fundamental é subestimado, pensa Bueno: "Acho que este fator é fundamental para entendermos hoje a condição da arte e do desenho na sociedade, vistos como coisas de gênios e pessoas especiais, quando na verdade deveriam ser uma forma de expressão utilizada por todos".

A sala de aula não foi o despertar da arte para Jal, e seu interesse começou em casa, com o pai desenhando bichinhos. Vieram, em seguida, os almanaques do Tio Patinhas com as histórias do Carl Barks, os desenhos animados da TV, como Pepe Legal, Zé Colmeia, Manda-Chuva, Jetsons e Flintstones, que desenhava na escola. Criou um jornal ilustrado intitulado "A Salada" e a HQ com o seu primeiro personagem o cachorro *Piloto*, publicada posteriormente na revista *Crás* da Editora Abril. Posteriormente, veio a descoberta do clássico *Amigo da Onça*, que encontrou na coleção de seu pai, rememora Jal.

O pai de Edgar Franco lhe apresentou a arte: "Infelizmente a escola nunca serviu de incentivo para que eu desenvolvesse o desenho, as aulas de educação artística eram ministradas por pessoas sem formação e eram tidas como uma simples recreação inócua, os exercícios eram determinastas e grotescos, ou seja, experiência lastimável. O interesse pela arte e pela literatura nasceu em casa com o incentivo e apoio de meu pai".

Poucas crianças conseguiram encontrar o seu caminho pessoal, e Bueno foi um dos que sobreviveu a inúmeros desenhos mimeografados limitando a liberdade criativa e ao compasso na escola: "Sim, nesse período, as aulas de Educação Artística eram uma enorme porcaria. Havia aqueles cadernos de desenho impressos, com exercícios que não ajudavam a despertar o menor interesse pela matéria. Era apenas uma aula chata dada por mais uma professora chata, mas, ainda assim, foi um período de efervescência criativa, mais por culpa dos amigos e dos gibis".

Para criar personagens e revistas, seus amigos desenhistas o inspiraram a olhar para os quadrinhos para além da Disney, desde super-heróis do *underground* ao quadrinho europeu. Já o ensino da arte não proporcionava a construção de uma técnica pessoal, uma vez que durante a ditadura militar o currículo enfatizava o desenho geométrico com o objetivo de criar um exército de operários. Depois de se mudar para São Paulo, Bueno cursou o ensino médio: "Foi uma nulidade [...] Neste ano de 'educação artística' não houve arte, mas tão somente aprendemos a fazer desenhos de geometria. Uma aula de péssima qualidade ministrada por uma professora hostil".

Ele então procurou curso de desenho e se deparou com um modelo técnico. Não havia uma educação artística no ensino médio. Então Bueno continuou a desenhar e ler quadrinhos. Como pretendia cursar Arquitetura, o domínio do desenho tornou-se indispensável para a entrada na universidade. Acreditava que os projetos de arquitetura deveriam ter linhas perfeitamente retas. Para a prova prática do vestibular, frequentou aulas com um artista plástico, professor da FAU, que lhe permitiu experimentar novos rumos na criação de imagens e traços. Bueno descreve essa mudança da seguinte forma: "Mostrei os desenhos que eu vinha fazendo nas aulas, e lhe chamou a atenção os meus desenhinhos de canto de página com personagens de gibi. Ele disse que eu devia fazer todos aqueles desenhos que me eram pedidos com o mesmo tesão com que eu desenhava os personagens de quadrinhos. E ao invés de mostrar apenas desenhos certinhos, me fez ver 'Picasso, Matisse', rabiscos, linhas tortuosas em lápis de cor e giz de cera".

Finalmente, no lugar privilegiado para o desenho, descobre arquitetos que desenhavam HQ e desenho de humor. Bueno enfatiza que para ele "um dos atrativos da FAU-USP era o seu histórico com relação aos quadrinhos (passaram por ali os irmãos Caruso, Alcy, Luiz Gê, Salvador, teve a revista *Balão*,...). E na minha época havia muita gente boa fazendo quadrinhos, como o Leo Gibran, o Piqueira, o André Kitagawa, entre outros. Foram lançadas várias revistas, como o *Pompom*, o *Rhino*, e o fanzine *Croqui*". Ao cursar Arquitetura no Porto descobre um acompanhamento que possibilita aos alunos um adequado domínio do traço. Bueno analisa que é preciso desenvolver um estilo próprio:

O acompanhamento é sério, o que faz com que praticamente todos os alunos tenham um bom domínio de desenho. O croqui do arquiteto é visto como uma ferramenta básica do ato de criar, de "designar" (desenho-designer-desígnio), de pensar. Ainda assim, há novamente uma certa padronização: o traço de todos lembra o de Álvaro Siza, professor da faculdade e um dos grandes nomes da arquitetura mundial. O desenho, nesta situação, foi importante para mim: foi por meio do domínio deste que pude expressar aos professores portugueses as qualidades do meu trabalho. De volta ao Brasil e à FAU, posso dizer que esta, de alguma forma, contribuiu para o percurso que venho tomando na vida desde então. Algumas matérias e alguns professores me fizeram ver quais eram os meus verdadeiros interesses: a criação, a "arte". E o desenho como fator importante nisso tudo. Um deles enfatizou a obra de Saul Steinberg, e eu redobrei a minha atenção ao cartum. Comecei compará-lo às outras formas de expressão artística. E comecei a tentar enxergar as coisas como uma coisa só, cada qual com suas peculiaridades, mas todas as criações, desígnio. Até um ano atrás achava que iria fazer cartum e quadrinhos apenas por passatempo, hoje vivo só disso.

Assim como todos os cartunistas entrevistados, desde cedo Bira se interessou por quadrinhos. Desenhava gibis com caneta esferográfica em papel sulfite, criando super-heróis a partir do que observava em jornais, revistas e na TV. Gostava dos suplementos infantis de jornal, de ler gibis e de colecioná-los. Neles, encantava-se mais com os desenhos do que com as histórias. Não gostava do conteúdo de arte no ginásio, sendo constituído apenas por desenho geométrico.[43] Não recebeu um acompanhamento mais próximo dos professores, mas estes corriam a lhe fazer encomendas.

BIRA DANTAS

[...] participei de um concurso *valendo uma paçoca* e ganhei com um desenho pintado e reforçado o contorno em preto, dica de minha mãe. Tinha interesse em assistir desenho animado e recortar desenhos de jornal. Depois passei a ilustrar trabalhos para outros alunos da escola. Ainda adolescente conheci o notório Jayme Cortez, que me indicou que estudasse anatomia humana. Estudei em casa a Enciclopédia Britânica, mas a considerava difícil, visto que o objetivo da coleção não era ensinar a desenhar anatomia. Conheci outro desenhista na turma, Sebastião de Souza, com quem trocava muitas ideias de personagens. Esse colega estava sempre à frente da moda. Quando a moda eram os super-heróis Marvel dos desenhos de TV, ele apreciava o clássico Flash Gordon. Quando a moda eram os clássicos, apreciava a moderna ficção científica do rebuscado artista francês Moebius, pseudônimo de Jean Giraud.

Artur, que desenvolveu o gosto pela HQ, ressalta que se a escola incorporar essa arte como conteúdo, muitos estudantes poderão rejeitá-la.

ARTUR DE CARVALHO

As escolas no Brasil não se constituíram em lugares propícios para o encontro com a arte, pensa Faoza. Suas primeiras lembranças remetem aos livros da sua casa e da sua vizinha biblioteca pública, onde passava as tardes mergulhado no meio das ilustrações dos livros que pareciam "desenhos mágicos de uma realidade superior". Certo dia, caminhou até uma biblioteca onde tudo começou:

FAOZA

Na verdade, não diria que aprendi arte, gosto de pensar que estou em um caminho, tentando melhorar. Tive a sorte de ter uma biblioteca municipal na rua em que morava. Lá rolou os meus primeiros contatos com as artes gráficas e com a fotografia, em livros de arte, de design gráfico, design de móveis, de fotografias, de arquitetura e quadrinhos nacionais e gringos. A escola na minha época (e ainda hoje, com raríssimas e caras exceções) eram lugares chatos, que não fomentam as artes e a criatividade, pelo contrário o foco sempre foi nas matérias "convencionais" (matemática, português, ciências etc.). Devo também ao MIS de SP, onde passei alguns anos pesquisando e "alimentando" a minha alma. Como devo aos autores que admiro, aos filmes e às peças que vi, aos livros que li, às exposições que tive a oportunidade de ver etc. É uma estrada que se caminha nela, certamente não é um lugar que se chega.

Os desenhos animados influenciaram a infância dos cartunistas! *Pernalonga* e *Pantera Cor-de-rosa* se encarregaram de despertar tal desejo no pequeno Mendonça, mas o interesse pela arte começou na faculdade. Foi desenhando durante as aulas que Luciano Irrthum desenvolveu um sentido em meio ao vazio escolar e manteve esse fio de contato com a arte pois desenhava professores, diretores e colegas. Na sala de aula, o inquieto William também costumava fazer caricaturas dos colegas e professores que adoravam a brincadeira!

Cícero aprendeu a desenhar sozinho, entretanto a escola ajudou no processo de conhecimento de algumas técnicas. Suas habilidades traziam-lhe algum inconveniente, como ter que fazer os trabalhos para colegas.

CÍCERO

Maxx começou a desenhar temas bélicos em casa, assunto de interesse de sua família. Transportado para um mundo melhor por meio dos desenhos animados e dos gibis, propunha algo a mais nas aulas de Arte, pois nada o surpreendia.

MAXX FIGUEIREDO

Marcelo Zikán, cujos quadrinhos são inspirados na Biologia, começou observando como a sua família desenhava. Lembra que qualquer assunto pode ser motivo para virar história: "Venho de uma família de biólogos, parece ridículo associar Biologia aos quadrinhos, mas ver meu avô e minha mãe desenhando plantas e insetos com nanquim e reproduzindo o ciclo de vida deles, como uma sequência de quadrados, foi-me fascinante. Acho que foram os primeiros quadrinhos que li. Na escola tinha o básico, mais técnico do que livre", relembra.

Hals nos conta que a Educação Artística na escola privada não influenciou seu gosto pelas artes. O trabalho nas aulas "eram bitolantes" e raramente o tema do trabalho era livre. Os professores de Artes talvez não tivessem formação na área, já que seguiam receitas padronizadas de aula. Por gostar de desenho e pintura, adotou outros caminhos. Paradoxalmente, o ensino de arte escolar tornou-se um ensino não artístico. O incentivo veio de fora da escola, quer pelos pais, quer pelos colegas ou pelos desenhos animados. E, às vezes, quando os professores prestam atenção aos talentos dos estudantes de maneira sensível, os elogiam ou os orientam a participar de cursos de aperfeiçoamento, já vale como incentivo.

A arte tem experimentado um sistema escolar hierarquizado com desigual distribuição de carga horária entre as diferentes disciplinas. O livro *Cuidado Escola* denunciou a valorização da comunicação verbal em detrimento de outras formas de expressão igualmente imprescindíveis, reforçando a problemática tese da separação entre o fazer e o pensar. A ausência do ensino da arte possui um não lugar na história da educação brasileira. No Brasil, o MEC tornou a disciplina de Arte obrigatória nos cursos de Pedagogia somente em 2006. Problema que já se apresentava no antigo curso de Magistério que não formava professores para uma educação estética, mantendo os tradicionais formatos escolares com práticas pseudoartísticas (pasta de datas comemorativas, desenhos prontos para colorir, moldes formatados etc.), sem estudos específicos sobre o desenvolvimento da arte da infância e da juventude.

No período republicano cristalizou-se uma concepção utilitarista da arte; e o currículo passou a incluir Artes Industriais e Desenho Geométrico. Em 1946, o curso de formação de professores, intitulado Magistério, previa "desenho e artes aplicadas, música e canto" durante os três anos de formação. De 1958 a 1963, ocorrem experiências emancipatórias da educação, porém elas foram sufocadas pela ditadura de 1964. Até 1971, permanecem os trabalhos manuais e o Canto Orfeônico. Em 1971, a partir da Lei 5692/71, os militares instituem a Educação Artística. A disciplina Artes é concebida com a LDB de 1996. A BNCC de 2017 está em vigor, mas há muitos questionamentos levantados pelo movimento de educação no Brasil.

Podemos extrair dos diversos relatos dos cartunistas o quanto foram "usados" pelos professores e pelos colegas por causa de suas habilidades com o desenho. Desenhavam durante as aulas em busca de um sentido, sem livros de referência ou profissionais com experiência artística que os orientassem. Foram influenciados pelos gibis e pelos desenhos animados, e, quando havia bibliotecas, essas proporcionavam a eles um mundo de pesquisa e de imaginação. Por não valorizar a arte, a escola limitava a liberdade artística ao determinar atividades inexpressivas. Às vezes, a arte representou uma válvula de escape para frustrações, sentimentos e medos.

Muitos se tornaram autodidatas nas artes visuais, à margem da escola. O desenho aparecia ora como complemento da escrita ora como atividade solta. Gostavam das raras atividades com temáticas livres. Caso atípico foi uma escola experimental que promovia ações artísticas e com professores atentos às habilidades de seus estudantes.

O humor na escola?

Os artistas defendem a inclusão do desenho de humor nas escolas por expressar ideias de forma simples e direta, e porque "Cartum e quadrinhos são as formas baratas e inteligentes de se fazer uma escola alegre onde o estudante passe a se sentir estimulado a aprender", pensa Jal. Como linguagem integrada, estimula novos interesses dos alunos em qualquer assunto associando informações a conceitos abstratos. Mendonça destaca que o cartum também pode ter a "força de um sermão" ao transmitir uma determinada ideia. Divertido e usado de forma ética pode ser eficaz no desenvolvimento educacional e na formação geral de crianças e adultos.

William Jeovah afirma que a charge é uma das formas fantásticas de resumir um texto, uma ideia ou uma notícia, sendo uma síntese perfeita. Redações e releituras são propostas que ele sugere para estudar essa arte. Rico acrescenta que "se você acorda atrasado e precisa saber o que está acontecendo no mundo, sem tempo de ler, é só abrir a página de opinião do jornal e ver a charge! Ali está o assunto mais importante do dia". E sua leitura chega para todos os públicos. Há muitas potencialidades a serem descobertas, segundo Bueno:

> Há uma intervenção entre forma (gráfica) e conteúdo, em que o aspecto e as peculiaridades gráficas fazem parte do conteúdo. O cartum é informação e poesia, juntos. Por possuir características próprias de comunicação, acredito que possui importância fundamental no processo de educação, com potencialidades que infelizmente não são aproveitadas atualmente pelo ensino do país (1999). Um exemplo notável das qualidades: o cartunista Saul Steinberg, por meio dos seus cartuns, foi mais eficaz e pertinente na sua análise da América urbana do que muitos teóricos e urbanistas.

Artur argumenta que se a charge for estudada pela escola, os alunos que antes aprendiam por livre escolha passarão a odiá-la. Os artistas criticam o modo escolar de formatar uma experiência estética por meio de modelos educáveis rígidos. Para Maxx:

> Você pode ensinar alguém a fazer cartum, mas ele não pode aprender a cultura que nele reside. É arte, é cultura, transformá-lo em ciência pode reduzi-lo a fórmulas, padrões, teoremas. Assim como aqueles menos providos de discernimento, que não enxergam a sua própria cultura, ou a cultura de seu bairro, da sua favela. Educar alguém através de imagens pode ser um modo de trabalhar um lado do cérebro, ou seja, dar uma opção diferenciada de

raciocínio. Isso é como deveria ser a educação artística e não como ela é hoje (cores primárias, pintar mapas,...). Sou mais desenhar as fronteiras dos meus sonhos num mapa. Crie uma cor e dê um nome a ela. Coisas assim. O que o cartum e a HQ fazem na questão da educação é o lado didático nem sempre intencional, mas que reflete um período de observação mais objetiva, comparado às artes plásticas. Arte do desígnio é dúbia, ora religa, ora dissemina: ora religião, ora é guerra. Acredito que essa palavra (desígnio-desenho) em se tratando de educação tradicional, seria uma vitória conciliar cartum, arte, signo e sua semântica contínua. Há diversos tipos e condensá-los num formato pode cair no risco de ignorar os *undergrounds*, os puros, os punks, os vendidos, os de subversão, os de protesto. Tenho medo de basear uma educação pelas imagens dos cartuns e suas ideologias como algo natural. Imagino-me dissecando uma charge totalmente impublicável. Nesse educar através de humor crítico que critério adotaríamos? O dos jornais? O dos artistas? Aqueles cartuns que achamos legais uma criança ver, baseados em nossos pudores? Deve estar pensando agora: esse cara é louco. Esse cara não bate bem da cabeça. Talvez isso possa ser uma seleção. Talvez nem todos queiram ser revolucionários. Acho que ainda tenho muitas perguntas sobre cartum antes de acatá-lo como educável.

O cartum pode ter um duplo mérito na educação por instigar a curiosidade e convidar o leitor à participação no processo de leitura. Maxx refere-se ao cartum como arte, imaginário e fruição, envolvendo a capacidade de criar, envolver e permitir experiências que a vida real não pode oferecer, ampliando o repertório sensível do leitor, como fazem a boa literatura e o bom teatro, cada qual com sua distinta linguagem. André Leal também considera que o currículo escolar pode incorporar essas expressões artísticas, sendo formas didáticas que a escola pode lançar mão, defende Bira.

É uma forma de retratar uma visão do mundo do artista, como denúncia de uma situação. A educação não se restringe aos conhecimentos tradicionais da escola; Hals diz que ao contrário disso, deve preparar o ser humano para abarcar o mundo que o cerca. Confiando nessa potencialidade, Kitagawa pensa que o cartum, utilizado pela escola, deve surgir com um compromisso didático e os cartuns comprometidos com o humor podem ser levados para a sala de aula.

Mastrotti defende a inclusão dos quadrinhos nas escolas em apoio às demais disciplinas e uma forma de interligação entre as matérias já que o ensino das diferentes narrativas gráficas transpassa os saberes e as disciplinas. Edgar Franco aborda as possibilidades didáticas considerando que, no Brasil, estão começando a ser mais exploradas, unindo texto e imagem traduzindo "toda a singularidade desse meio de expressão e possibilidades ilimitadas de sua linguagem específica".

Durante sete anos, Caldari foi professor do ensino público e privado. Apresentava seus cartuns aos alunos, que se surpreendiam pelos desenhos e até pela existência incomum de um professor-cartunista. Certa vez, dois estudantes, sem saber da autoria dos trabalhos, comentaram: "Cada desenho massa", "Que legal, olha esse aqui, então...", "Queria ser como esse cara". Quando Caldari se aproximou, um deles lhe perguntou: "É legal colecionar estes desenhos. Há quanto tempo o senhor coleciona?". Surpresos ficaram com a resposta: "Eu que fiz, guardo tudo o que desenho". "Que isso... duvido que foi o senhor que fez. Quem fez isso foram aqueles caras de São Paulo: o Laerte, o Angeli...". Só acreditou depois que o professor pegou um papel em branco, fez um desenho e assinou.

Saber que a arte cada vez se faz de um jeito diferente é um contraponto aos manuais didáticos. Picasso já dizia que só sabia o que ia desenhar, desenhando. Caldari afirma não seguir uma didática de ensino. Como professor, lecionou desenho mecânico, entre outras disciplinas técnicas. Identifica uma certa dificuldade em ensinar, porque observa algo de caótico em seu processo criativo: "Tem vezes em que começo pela cabeça, tem dia que é pelos pés; às vezes faço um esboço com lápis, noutros vai tinta direto, sei lá".

O desenho de humor é uma reinterpretação de fatos conhecidos, pode ser usado nas discussões em sala de aula, porque o tom bem-humorado ajuda a lidar com temas difíceis, pensa Ivan Cabral. Somam-se as observações de Marcelo Zikán, quando recorda a pertinência, atratividade e dinâmica resultantes da arte. Considera o cartum mais didático do que os milhares de textos que os estudantes são obrigados a consumir, já que apresenta uma realidade pelo viés do humor cuja história, imaginada pelo autor, pode-se contá-la desenhando.

O pensamento humorístico é uma ferramenta pedagógica ao desestabilizar os mecanismos e os discursos de poder presentes na educação, percebe Caco: "Que tipo de educação almejamos: uma educação libertadora ou uma técnica de treinamento e imitação? Os estudos culturais sobre o humor contribuem para entendê-lo como uma experiência humana variável e imprecisa".

Criticado por muitas autoridades e também por autoritários, o desenho de humor é em princípio anarquista, questionando uma suposta ordem natural. Subversivo, opõe-se às formas instituídas do poder, desvelando suas mazelas. Trata-se de um humor que, comprometido com a mudança social enfrentando preconceitos, discriminações e injustiças, aponta para um outro mundo possível.

Mas convém lembrar que desenho de humor não é aquele que necessariamente faz rir, mas sim que faz refletir, seja pelo sarcasmo ou sátira, na cultura da divergência, como bem explica o historiador Elias T. Saliba: "O quanto nas sociedades modernas ocidentais o humor incentivou laços de solidariedade, sublimou agressões ou ressentimentos, administrou o cinismo ou estilizou a violência. Mas também foi a arma social e política dos impotentes, contribuindo para criar uma cultura da divergência ativa e oculta".[44]

PROCESSO DE CRIAÇÃO

Na trajetória dos cartunistas entrevistados, seria possível identificar características que definiriam um padrão em seus processos criativos? Como se relacionam espontaneidade e planejamento? Vejamos o que nos diz Henfil:

> Tive que fazer um esforço muito grande para aprender
> a desenhar. E desde o início tinha um problema: queria
> fazer o boneco andando. Tanto é assim que os meus

bonecos andam no papel. Dificilmente faço um boneco parado, ele está sempre tentando dar uma movimentada. E o desenho animado é o desenho total. [...] É um negócio que ocorre comigo e talvez não ocorra com vocês. Quando acabo um desenho, quando acabo de bolar uma ideia, ela é vivinha, estou sentindo, humano, o boneco pulando, o boneco dançando, tem música etc. e tal. Quando passo para o papel, para mim morreu. Na hora que vira desenho...[45]

Os cartunistas discorreram sobre pesquisa, intuição na arte e os elementos visuais na composição. Buscam se nutrir com diversas fontes, como por exemplo jornais, revistas, noticiários, filmes, imagens e obras de outros artistas. No entanto, os processos não são previsíveis, pois muitas vezes uma ideia gera o desenho; porém, em outras, o desenho surge antes do argumento. A pesquisa é essencial e o material a ser escolhido depende do produto a que se deseja chegar.

Custódio explica que há uma distinção "entre encomenda, cujo objetivo é expressar a necessidade do cliente, e trabalho autoral, cujo objetivo é de expressar a minha necessidade". Apesar de nem sempre produzir sob pressão, ela existe e "a usamos como elemento catalisador de energia e concentração. Como um equilibrista que brinca andando em um meio-fio na rua ou sobre uma corda no alto do picadeiro, a pressão nos obriga a uma margem de concentração maior e erro menor". O artista dá algumas dicas importantes para quem pesquisa, faz arte e está na escola:

o ato de soltar as ideias no papel e rabiscar é uma excelente maneira de ajudar no processo de acionar neurônios, estimular livre associação, "abrir gavetas" de onde saem coisas úteis e inúteis. Você pode chegar a soluções e ideias que nunca imaginaria em uma primeira leva de pensamentos e ideias. Depois há o trabalho de depuração e análise, um tipo de edição, para eliminar ou colocar as ideias dentro dos parâmetros ou necessidades do trabalho que está sendo desenvolvido. Esses processos costumam ficar melhores e mais eficientes ao longo dos anos de atividade.

O processo criativo seria uma *gangorra* entre a vivência e o "território desconhecido", o "salto criativo" rompe com as regras ao viver riscos e fracassos momentâneos.[46] O caminho entre ideia e obra pode ser longo, mas para esses artistas que precisam correr contra o tempo, é curtíssimo. Cabe enfatizar que "o fazer artístico como trabalho, como um fazer intencional produtivo e necessário, amplia" a nossa capacidade de viver.[47]

Ao ver a capa do Pererê, foi quando Laerte percebeu pela primeira vez a escrita como um desenho e como geradora de ideias. O traço é a própria assinatura, assim como Mário de Andrade[48] afirma que "o desenho fala, chega mesmo a ser muito mais uma espécie de escritura, uma caligrafia [...]". Ao unir forma ao conteúdo, palavra à imagem, há uma síntese gráfica como explica Faoza ao se debruçar sobre trabalhos encomendados:

> Não tenho um único processo, pois como trabalho para editorial, publicidade, eventos... e faço ilustração e design (on e offline), tenho alguns métodos distintos: em trabalhos por encomenda de design costumo iniciar com pesquisa e depois com a escolha do caminho estético, faço estudos digitais, muitos, vou retirando os piores até ficar com três opções, nas quais eventualmente também vou fazendo ajustes finos. No final, elejo aquela que considero melhor e apresento. Muitas e muitas vezes são aprovadas de primeira, mas às vezes rola algum ajuste ou mudança de caminho estético. Quando trabalho com ilustração encomendada, o processo se inicia no lápis e no papel com rascunhos (bem rascunhos mesmos) até ter uma boa ideia das proporções e de imaginar as cores na cabeça. Vou para o digital somente com ideais do rascunho (que fica ao lado da tela); eu não escaneio o rascunho, apenas olho para ele e vou trabalhando até finalizar a imagem – apenas uma.

Já quando trata de projetos autorais, destaca a maior possibilidade de personalizar, dando alma a sua produção gráfica:

> Quando não tenho encomenda e faço pra mim sem prazo e sem direcionamento, procuro fugir de

referências e tento me conectar comigo mesmo. Por vezes, consigo, mas muitas vezes, não. Trabalhos autorais, como vejo, não basta estar ok esteticamente, é preciso que o autor tenha uma certa urgência e necessidade de dizer algo ou de propor algo para uma reflexão e daí vem depois o domínio da técnica que se propõe, do trabalho físico. É comum vermos excelentes discursos e narrativas em um traço ruim (cru e mal-acabado) e é comum vermos trabalhos esteticamente ok, mas digamos pouco autoral (pouca ou quase nada para pensarmos ou sentir), sem alma, sem personalidade, sem o poder de tocar as pessoas. O bacana, nas artes gráficas, é quando o autor encontra esse jeito de fazer algo e não precisar assinar para ser identificado – pronto: ele achou o seu jeito único de falar. Não gosto de realismo e hiper-realismo. Graficamente prefiro a fotografia para retratar as coisas tais como elas são ao olhar; quando se trata de desenho, eu gosto da forma que fulano ou sicrano representa algo, um olhar único, um jeito pessoal de ver e retratar algo.

Mapeando o banco de palavras desses profissionais, "ideia" é a palavra mais frequente, exatamente o que inspirava Henfil: "O que me mobiliza é o que eu tenho a dizer, a contar. O desenho vem atrás da ideia, ele é o espelho da ideia. Se eu não tenho uma ideia, não formo imagens, eu não consigo desenhar nada".

Eles discutem seus métodos de trabalho na prancheta. Dificuldades são desafios, e para os profissionais, além da alegria de concluir um trabalho, existe também um processo difícil, como Henfil descreve: "Sou um cara tenso paca. Essa tensão vem aumentando por causa do excesso de trabalho. Desenho 18 horas por dia. Além do esforço físico, vem o esforço mental. A tensão de ter que criar todo dia algo novo, que nunca foi criado, tendo que ter uma qualidade, um nome. Não errar. Fazer rir. Ler todos os jornais. Se informar sobre tudo [...] comecei a ter artrites periódicas nas articulações (braços-joelhos) submetidas diariamente à concentração nervosa de criar e desenhar".[49]

Após o desafio, o artista admira a obra concluída. À medida que a obra se desenvolve, a vida do artista também se desenvolve, como descreve Edgar Franco:

> Às vezes, fico reparando como minhas HQs são repletas de paisagens desoladas e desertos, montanhas íngremes e precipícios, perspectivas profundas e seres solitários. Lembro-me da carta Ermitão do Tarô e penso que esses mundos são reflexos de minha posição meditativa diante da vida. Por outro lado, apesar da desolação de meus mundos, me passam a sensação de serem lugares calmos e pacíficos. A essência do que sou como ser é uma parte da essência total, e essa parte coube a mim representar em meu trabalho. Por outro lado, meus mundos são recheados de objetos simbólicos, como borboletas, cogumelos, cubos, e todos os demais elementos citados pelo senhor, devido a impulsos intuitivos que tenho que incluir tais elementos em minhas composições. Mais uma vez, ressalto que isso não acontece de forma racional. A presença constante de um certo grupo desses elementos levou-me há alguns anos a recorrer a dicionários de símbolos para buscar o significado deles. Fiquei surpreso com várias interpretações, mas outras já havia descoberto sozinho. A borboleta, por exemplo, simboliza a mudança para melhor, a liberdade, o ápice da existência, é um significado claro; da lagarta, considerada repugnante por muitas pessoas, eclode um ser alado repleto de formas e cores belas; isso é o que eu gostaria que acontecesse com a raça humana, que essa nossa "lagarta humanidade" atual refletisse e interiorizasse (formação do casulo) para depois despertar renovada, livre e bela. Nada é mais doce e puro que o voo da borboleta! Por outro

lado, em algumas HQs a borboleta aparece ferida, morta ou deformada. Para mim essa imagem reflete o contraponto dos aspectos positivos do símbolo. Apesar de ter buscado o significado de símbolos que uso, continuam aparecendo de forma intuitiva em minhas composições, e constantemente sou surpreendido com o surgimento de novos elementos que possam incorporar esse manancial teórico, ajudando a enriquecer o drama cósmico representado por minha arte.

A linha se transforma em imagem; às vezes, palavra. Nesse caminho há descobertas da profissão. Artur descreve esse lugar entre o risco e a poesia, a infância e a adolescência:

O cartum compreende o humor, e não sei se sou muito bem-humorado. Pelo menos não a ponto de fazer um desenhinho engraçado todos os dias, como fazem os cartunistas profissionais. Minha área de atuação é o jornalismo. Adoro jornal. Esse lance de estar na casa das pessoas todos os dias e tal. E gosto também de papel, de pegar no papel, de fazer rabiscos nele, de guardá-lo. Acho que sou meio velho e tudo. Deve ser por isso. Meu percurso foi assim, indo, e, de repente quando eu vi, estava numa redação, escrevendo e desenhando. Acho que não cresci. Parei ali, numa fase entre a adolescência, quando a gente não para de escrever poesias, e a infância mesmo, quando a gente não pode ver um papel que rabisca.

Das entrevistas, condensamos as principais ideias sobre o processo criativo. O cartunista Bira Dantas caricaturou cada artista entrevistado, ressaltando o espaço contextual do trabalho com alguns detalhes engraçados:

Figura 49
O processo criativo dos cartunistas, por Bira Dantas

Figura 50
O processo criativo dos cartunistas, por Bira Dantas

Figura 51
O processo criativo dos cartunistas, por Bira Dantas

Figura 52
O processo criativo dos cartunistas, por Bira Dantas

Figura 53
O processo criativo dos cartunistas, por Bira Dantas

Figura 54
O processo criativo dos cartunistas, por Bira Dantas

Há tantos modos de ser artista quanto a quantidade de pessoas que se aventuram em sê-lo. Portanto, nos deparamos com essa variedade de modos de criar. E a partir do conhecimento do processo desses cartunistas, surgem dicas importantes para a escola, que, muitas vezes, definem um modo de planejar.

O processo criativo do grupo é aberto à experiência; para alguns é disciplinado e planejado, enquanto para outros é anárquico, assumindo, em seguida, organização e coerência, buscando inspiração e originalidade. Existem momentos intuitivos ao longo do processo para criar um desenho simples, reconhecível e trivial. A madrugada é o momento de intenso trabalho para alguns, mas há aqueles que só trabalham com a luz do dia.

As palavras que conduzem ao momento de trabalho são: reclusão, leitura, notícias, pauta, situação, cena, fato, piada, narrativa, reflexão, *insights*, intuição, lógica, crítica, contradições, indignação, relação, analogia, soluções, conexão, regras, métodos, conhecimento, conceito e caricaturado.

Os locais mais mencionados são a banca de jornal, a prancheta e o estúdio. Os materiais mais usuais envolvem: sulfite, jornal, papel, ecoline, nanquim, hidrocor, cores/preto-branco, e banco de imagem. As modalidades da arte mais citadas são: cartum, charge, HQ, caricatura, ilustração e design. À medida que a ideia ou o traçado avança, os artistas tomam decisões para concretizar a imagem e para isso: cria, compõe, desenha, analisa, anda, observa, anota, arquiva, aprende, apura, associa, escaneia, enfatiza, escreve, escuta, guarda, ilustra, interpreta, joga, melhora, mistura, modifica, pesquisa, produz, rabisca, rascunha, recria, transforma, imagina.

O tempo de trabalho dos cartunistas é basicamente diário, entre o nascimento da pauta no dia anterior e a publicação do jornal; para quem trabalha em sites e revistas mensais, o tempo para criar é maior. De fato, há assuntos que se prolongam, que são previstos de antemão e que se conectam com a multiplicidade da política parlamentar brasileira.

Há um grupo de palavras sobre a construção da imagem e foram destacadas: tema, texto, rabiscos, sugestões, roteiro, versão, semiprontos, forma, signos, elementos, estilo, abstratos, abstração, planos, posicionamento, disposição, produto, acabados, traço ou pictórico, composição, plano linguagem, meios, mecanismos, publicação, resultado, ritmo, tempo e vazios.

Para alguns cartunistas, a livre associação de ideias pode fornecer imagens durante a preparação, a incubação e o *insight* do processo criativo. Além disso, desenvolver um banco de imagens é benéfico para aqueles momentos em que nenhuma ideia foi desenvolvida. Finalizo com o quadro-síntese das entrevistas sobre o processo criativo dos cartunistas. Ainda é tempo de lançarmos uma pergunta: como se dá para você, leitor, o seu processo criativo?

Figura 55

Quadro-síntese sobre a entrevista com cartunistas

Quadro-síntese - Processo Criativo	
Ler muito	Assistir filme
Observar quem será caricaturado	Fatos observados criam ideias
Encontrar a situação da charge	Associação aleatória de ideias
Analogias com histórias e frases	Processo anárquico
Análise da linguagem	Desenhos surgem sem regras ou conexão
Conversa com os amigos	O produto determina o processo
Reclusão para estudo	As artes dos artistas inspiram a nova criação
Rascunha seis ideias, escolhe uma	A publicação inspira a criação
Sob pressão	A reflexão gera a ideia e o estilo pictórico
Prazo	Intuição, *insights* e caminhada
Contas para pagar	Surge a ideia
Da ideia para o desenho, do desenho para a ideia	O que (ideia) e como (formato)?
Iniciar, guardar a ideia, apurar	Informação gera jogo de ideias que cria piada
Parte da cena e, ao incluir o humor, flui	Sintonizar desenho e roteiro
Banco de desenhos e ideias	Contradições
Tema	Analogia dos contrastes
Estudo, posicionamento, imagens que dialogam	Descobrir como os artistas produziram

AS PALAVRAS MAIS FREQUENTES EM ORDEM DECRESCENTE SÃO: IDEIAS (14), PROCESSO (11), CRIAR (6), CRIATIVO (6), HUMOR (5), INFORMAÇÃO (5), LE (5), JORNAL (5).

HIERARQUIA NA ARTE

Nas últimas décadas, os quadrinhos despertaram interesse nos meios cultos transformando-se em objeto de estudo e manifestação artística, invadindo o mundo adulto e gerando trabalhos primorosos, observa Diamantino da Silva. Porém nem sempre foi assim: em 1944, psiquiatras americanos afirmavam que ler gibis causava problemas a crianças e jovens. O Ministério da Educação do Brasil, nessa época, incluiu a preguiça mental como outro atributo ligado aos quadrinhos.

No Brasil, em 1946, políticos tentaram censurar a venda das revistas, desta feita o sociólogo Gilberto Freire, então deputado federal, defendeu os quadrinhos na tribuna opondo-se contra a medida de censura. Orientou que os professores poderiam usar as HQs como iniciação literária dos jovens. Defendia os quadrinhos como veículo educativo e a ação docente como mediadora dessa leitura, pois ajudaria no processo de alfabetização. Propôs ainda uma versão da Constituição de 1946 em quadrinhos.

Atualmente talvez não haja mais professores e especialistas que adotem a postura semelhante à da professora Elizabeth Pennel que, em 1920, disse:

> O bom desenho, nas histórias em quadrinhos, é um acidente. [...] Pergunta-se com pesar para que servem as escolas de arte, as conferências, os clubes, os cursos nos museus, as críticas na imprensa, os eternos discursos sobre arte e a necessidade de levá-la ao povo, se os olhos do povo são corrompidos e pervertidos todas as semanas, se não todos os dias, por essas perversões grosseiras, vulgares, contraditórias, de colorido barato...

Um exemplo da influência popular na arte é *Yellow Kid*, de Richard Outcault, conhecido como menino amarelo, que inicialmente trajava camisolão azul sendo depois substituído para amarelo. Era oriental, a princípio coadjuvante, torna-se protagonista. Em 1895, o *New York World*, primeiro grande jornal voltado às massas urbanas, apresentou o menino amarelo que se tornaria a primeira arte serial a apresentar balões e personagens fixos. E quando Richard Outcault lançou *Buster Brown*, filho de burgueses, deduziu que as críticas ao menino amarelo se deviam à sua situação social: era um menino pobre que morava em cortiço.

Na década de 1950, autoridades governamentais, associações de mães, grupos religiosos, políticos conservadores, educadores, psicólogos e jornalistas uniram-se contra a HQ: uma fase de caça às bruxas nos Estados Unidos com ecos no Brasil. Qualquer um poderia ser acusado de comunista e preso ou mesmo executado. Mais tarde, nos governos de Nixon e Reagan, a censura e a perseguição a filmes e quadrinhos continuaram. Vieram as revoluções socialistas e o poder dos EUA era questionado: se os comunistas estavam por toda parte, por que não poderiam estar nos quadrinhos?

No Brasil, Álvaro de Moya e Jaime Cortez organizaram a primeira exposição, lutando pela valorização dos quadrinhos brasileiros. Em 1974, realizou-se o 1° Salão de Humor de Piracicaba, com a participação de Millôr, Ziraldo, Zélio, Jaguar, Fortuna e Ciça. No museu do Louvre, em 1967, Burne Hogarth é considerado o Michelangelo dos quadrinhos. O Museu de Arte de São Paulo exibiu, em 1970, a exposição *Histórias em Quadrinhos e Comunicação de Massa*.

Passado um século dos quadrinhos, há escolas que preferem adotar livros de arte moderna e não incluir livros de quadrinhos e arte contemporânea. Essa recusa reflete a relação de uso e de troca inerente às obras de arte. Ainda é considerada arte menor porque era barata e está amplamente disponível, mas a HQ é um suporte gráfico cujos conteúdos dependem, muitas vezes, de seus produtores/autores que pagam pelas publicações.

Como os quadrinhos sempre estiveram associados ao público dito inculto, acrescenta Mário Feijó: "... as elites da época trataram logo de condenar os quadrinhos, inclusive negando-lhes o status de arte". Conquistando historicamente seus espaços, seus autores atingem certo prestígio. Pat Oliphant declarou na década de 1980 acerca da série *Calvin e Haroldo*: "podemos notar um casamento entre ideia e arte raramente encontrado [...], um sentimento de que as palavras podem realçar a arte e a arte pode fazer o mesmo pela escrita, e que mistura cuidadosamente elaborada desses ingredientes pode criar um grau de encantamento que revela a genialidade".[50]

Entretanto, o escritor italiano Italo Calvino relembra que o humor presente na sua literatura tem inspiração também das histórias em quadrinhos, principalmente os *comics* americanos, que definiram a sua tendência de ler por imagens quando, em sua infância, lia os quadrinhos sem os balões. Recentemente, Itamar Vieira Junior relembrou que na infância vivia em uma casa sem leitores e quase sem livros: "Para não dizer que não tinha nada, nós tínhamos uma Enciclopédia do Estudante, da Editora Abril, que era muito mais fininha do que a Barsa, que era um luxo. Meu avô materno, que ainda é vivo, trazia revistas em quadrinhos para mim quando eu tinha aprendido a ler e tudo isso me incentivou a ser um leitor".[51]

Mesmo assim continuaram desprestigiados pelos professores, revelam os cartunistas em suas entrevistas, destacando que nenhum professor valorizava essa linguagem. Os quadrinhos estão ausentes da educação básica à universidade, onde se prima pelas chamadas artes clássicas. No interior da universidade, o espaço para os quadrinhos é limitado às pesquisas e eventos acadêmicos envolvendo um público restrito e especializado na temática. A marginalização dessa arte no mercado seria, talvez, o foco do problema.

Essa desvalorização não preocupa Spacca, pois no prestígio dado às artes plásticas há um convencionalismo de fazer arte para especulação comercial:

> O desenho de humor é uma linguagem fácil de ser assimilada, e é vizinha do desenho infantil, do desenho das crianças, do design de brinquedos e marionetes. Pertence, em parte, apesar de seus temas adultos, ao universo estético infantil. Pode ser que por isso exista uma tendência de não considerar o cartum um instrumento sério de conhecimento, como eu acredito que seja.

Essa posição hierárquica, desfavorável ao desenho de humor, existe em função das próprias raízes das artes, como explica Caco:

> Na Grécia democrática de Péricles, a epopeia de Homero tinha mais valor que a escultura de Fídias, que tinha mais valor que a tragédia de Sófocles, que tinha mais valor que a comédia de Aristófanes (o culpado disso? Platão). Acho que o aspecto pouco solene do humor sempre deu margem a isso. O humor é capaz de ironizar e duvidar de si mesmo e de seus pressupostos, ao passo que uma "bela arte" sobrevive no pedestal graças ao quanto os artistas e estudiosos a levam a sério, devido ao seu caráter solene, sublime. Acho que é assim que tem que ser mesmo, o humor necessita disso (ser relegado a segundo plano, ser desprestigiado) para poder fazer bem o seu trabalho

de denúncia, de destruição e de criação, de colocar em marcha o mundo. Proudhon já dizia que "o humor é a verdadeira arma da liberdade".

Ademais, a posição do desenho de humor é a condição que assume para manter essa capacidade questionadora que lhe é inerente. Há uma hierarquização no campo das artes plásticas entre as ditas artes superiores e as artes menores ou aplicadas. Desse modo, Baptistão acredita que a única divisão que deveria existir é a da qualidade da expressão artística. Luciano Irrthum afirma que elas se inserem em contextos diferentes, a charge tem a sua importância no jornal, enquanto o quadro, a escultura têm o seu valor no museu ou na galeria: "Se pegarmos uma charge ou cartum e colocarmos dentro de uma moldura e em seguida mandarmos para uma galeria, vira obra de arte?", questiona. Não seriam consideradas obras de arte assim como as demais.

A charge *Cabeça de Touro* questiona de forma bem-humorada o sistema hierárquico que concebe diferentes valores aos objetos culturais e artísticos.

Figura 55
Charge *Cabeça de touro* de Pablo Picasso, por Bira Dantas

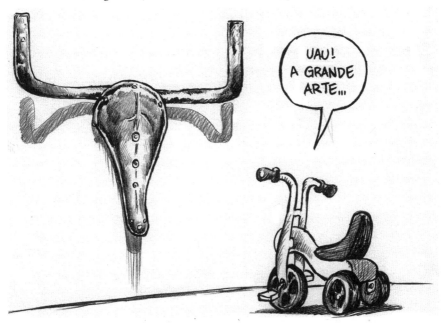

Para Bira, ampliou-se a publicação de livros de desenho de humor e quadrinhos, e hoje já encontram-se seções especializadas no gênero nas livrarias. Mas diante da quantidade de publicações das chamadas artes maiores "aos olhos da sociedade", pode-se concluir que as HQs não são consideradas arte em seu sentido amplo. Pergunto a Faoza se nota o desprestígio do desenho e se há uma crise na qualidade dessa arte no Brasil.

> Sim, existem várias hierarquias dependendo da posição do olhar. Existem diferenças brutais de público, de grau de dificuldade para a realização, de valores de mercado, de *status* entre as pessoas que fazem arte e artes gráficas. Vivemos em um país que pouco valoriza as artes de uma forma geral (salvo a música nacional) somos o país que mais consome a própria música (mesmo com muitas e muitas músicas de gosto e qualidades duvidosas). As artes visuais nacionais como um todo, é pouco valorizada e pouco consumida (salvo algumas novelas de TV de sinal aberto), as artes gráficas é uma subdivisão das visuais, o humor gráfico é outro subproduto artístico das gráficas, o cartum e charge outro subproduto... entende como os públicos vão ficando menores e as cenas pequenas para termos um salto em qualidade com quantidade? O espaço nobre que tiveram foi nos tempos de jornais em papel, mas estes também eram poucos (e hoje menos ainda – a cidade mais rica do país tem quantos jornais? Se te falar quando pagam em média por cartum ou charge, é de sentar e chorar) logo poucos autores puderam ter seus trabalhos publicados e popularizados. Mas reagindo mais diretamente a sua provocação, vejo como formas de arte com pouco espaço e poucos de qualidade. Poucos. Não existe um cenário que propicie o surgimento de artistas de qualidade que consigam viver de cartum e charge. Os caras que fazem (e fazem bem-feito) são caras fora da curva, exceções. São heróis da resistência que mantêm essas formas de arte viva, mesmo que respirando por aparelhos.

Hals argumentou que as obras humorísticas poderiam ter um certo prestígio, pois as obras de Ronald Serale e Ralph Steadman eram expostas em galerias e que os seus originais alcançavam preços elevados. A charge seria um trabalho artístico com função editorial, um outro exemplo é a ilustração jornalística. Para Hals:

> Uma pintura, teoricamente, é pintura por si só e tem o valor atribuído por um *establishment* cultural. Nem toda pintura estará em uma galeria ou será elevada ao status de obra de arte. Quem escolhe a charge como forma de expressão deve pensar nela como uma forma de comunicação extremamente poderosa, cujo significado vai além do conteúdo estético. Se é arte (no sentido filosófico do termo) isso não tem importância.

Para Custódio, o papel "às margens" que o desenho de humor assume na sociedade é justamente a liberdade de crítica. Como enfatizou Millôr, "O humor pode não ser uma grande arte, mas é a única que pode esculhambar todas as outras". Custódio destaca que ocorreu uma mudança na comunicação: "Um governo semiditatorial de extrema direita nos últimos anos nos colocou de novo nesse papel de apontar os abusos, mas a sociedade e a comunicação mudaram muito de 10 anos para cá. Em uma sociedade 'normal e democrática', o humor tem cada vez mais a tendência de se voltar para diversão pura e simples".

Joannynha Jasper considera que não há desprestígio, simplesmente as artes estão em patamares paralelos, os profissionais é que não têm a conscientização necessária. Os cartunistas ficaram seletos e restritos a pequenos grupos, complementa Junião, havendo pouca divulgação pelos autores. Barroso ressalta que há esse desprestígio por uma opção ideológica, pois os artistas do humor transformaram o ambiente profissional requintado num ambiente *underground* "menos qualificado", mas "hoje todos querem uma fatia do mercado e poder viver com dignidade através da arte que produzem", analisa.

O desenho de humor é visto como arte menor aos olhos da sociedade, mas Bira cita exceções:

No Brasil, um pintor razoavelmente aceito ganha mais do que um chargista bem-sucedido. A edição de livros de arte chegava ao cúmulo da repetição de títulos, enquanto faltavam livros de desenhistas de humor brasileiros. O mercado editorial pode ter melhorado, mas o grande público ainda acha razoável pagar valores elevados por um livro da *Arte do Retrato* ao invés de pagar o mesmo por um da Arte da Caricatura. Mesmo assim o cartunista argentino Mordillo enviava suas obras recém-pintadas para um cofre de banco em Paris, depois de fotografá-las para serem inseridas em seu próximo livro temático e o alemão Sebastian Kruger teve suas caricaturas compradas a preços elevadíssimos por famosos das artes, inclusive sendo contratado pelos Rolling Stones a acompanhá-los em turnê pela Europa, que acabou virando um livro de Arte.

Bueno ressalta que somos ensinados desde pequenos

que arte é o que está exposto na galeria de arte. A arte acaba sendo vista como algo decorativo, comprometendo o entendimento de qualquer forma de arte, seja escultura, seja quadrinhos. Além disso, costuma ser feita a associação do cartum e dos quadrinhos apenas com a mídia de massa, reduzindo a amplitude dos seus significados. Não acho nenhum meio de expressão superior a outro. Cada qual tem as suas características e especificidades. Cada meio de expressão contribui do seu jeito.

Cícero nos faz pensar que na produção cotidiana do humor gráfico, a agilidade dos artistas e a rápida impressão induzem ao seguinte pensamento: "Só trabalha nesse tantinho para ganhar tudo isso?". Há uma analogia entre o humor gráfico e o chão da fábrica. O operário produz a peça que é avaliada pelo tempo de sua produção. Muita gente um dia ouviu dizer: "esse artista levou anos para produzir essa obra" e "esse aqui morreu com a obra inacabada".

William Jeovah aponta que certas "obras de arte" precisam de justificativas e apoio dos críticos especializados para que seja convencionado um determinado valor, às vezes injustificável. O desenho de humor, de forma direta e sem mediações fala por si diferente das formas artísticas tradicionais. Há um mercado especializado que encomenda obras cujo valor dependerá de sua inserção em um circuito envolvendo críticos, *marchands*, colecionadores e expositores, criando um valor monetário para a "obra".

Kitagawa acha injusta a comparação entre as artes: "é como perguntar a algum roqueiro se não se sente desprestigiado em relação aos músicos eruditos". Considera que o desprestígio era justificado quando pintura e escultura eram verdadeiramente arte, no sentido puro do termo. Na arte contemporânea, pintura e escultura têm outro significado. Não justifica a presença do desenho de humor em bienais de arte, contudo é injusto que um medíocre pintor de tela ganhe mais prestígio do que um bom cartunista.

Quem acompanha o mercado de quadrinhos como Kipper, pensa que "essa é uma divisão mercadológica, a partir da qual se tentou criar uma justificação teórica. Mas não passa de segmentação de mercado". O desenho de forma geral sofre com o estigma de arte menor por sua origem popular e mundana, pensa Heringer. Como o desenho, inicialmente retratava crianças rebeldes, detetives, entre outros personagens, em seu início foi considerado um mau exemplo para as gerações de crianças que o apreciavam. "Hoje a violência dos quadrinhos é quase um espelho da violência das ruas. O público parece exigir esta dura realidade e poucos se contentam com história maquiadas, o que aconteceu também com o cinema. O humor pode ser o fiel da balança nesta questão: irônico, sutil, penetrante, pode fazer grande barulho mesmo fazendo rir". Portanto, para Heringer a contemporaneidade tem exercido influência nos novos roteiros e os atingidos pela sátira preferem evitar a seriedade do humor.

HERINGER

Rico considera este trabalho mais importante e complexo do que a pintura, pela ideia gerar novas reflexões, incentivando a capacidade crítica dos leitores. Para Jal, o poder estabelecido o teme, porque destrói dogmas e mitos: "O humor é altamente anárquico e revolucionário. Basta ver o documentário que fizemos sobre os 30 anos de *Pasquim* com o depoimento daquela geração que detonou o humor moderno no Brasil. O humor os levou a serem revolucionários na ditadura, todos dizem que nunca achavam que chegariam a tanto".

O cartunista é visto como desocupado, afirma Caldari. Já que a concepção de trabalho está relacionada à seriedade, como espaço do desprazer, da obrigação. Mas essa ideia também pode ser relacionada ao professor e ao pintor. Observa que os espaços de exposição das artes são distintos e seus públicos diferem. O museu de arte distingue-se por um certo glamour, enquanto o salão ou exposição de humor é popular, podendo apresentar trabalhos críticos. Mastrotti explica que a cultura de massas não tem o mesmo "glamour" do que "classicamente os catedráticos classificam como arte, mas sabemos que é a pura e sincera manifestação popular: o retrato da sociedade".

Os cartunistas ingressavam na internet, como bem lembrou Cícero: "Com as redes sociais não existe hierarquia, quem domina o marketing digital e consegue se estabelecer no mercado, independente de estilo e qualidade, consegue sobreviver da arte. Para quem trabalha por salário às vezes é obrigado a se subordinar a hierarquias humilhantes e cruéis das chefias".

Embora não se dedique ao gênero humor, Edgar Franco prefere dizer que, desde suas origens, é considerado arte menor, mas crê que a crescente pesquisa acadêmica colabore para diminuir tal preconceito. André Leal salienta que na própria produção de HQ são veiculados sobretudo "quadrinhos bonitinhos" de maior circulação em detrimento da publicação de quadrinhos de arte.

Os chargistas querem ser compreendidos, já os artistas plásticos nem sempre desejam. Na tentativa de ser compreendido, o chargista utiliza a ironia, a metáfora e a metonímia, como figuras de linguagem, de modo que "os textos justapostos às caricaturas exercem a função que Barthes chamou de ancoragem".[52] Elementos gráficos como a legenda, o título e o balão auxiliam na compreensão do desenho e exigem do leitor um pensamento denotativo acessível mobilizando representações simbólicas e, ao mesmo tempo, um pensamento conotativo complexo.

As entrevistas sugerem muitas propostas: leia jornais, descubra a situação da charge, observe fotografias de quem será caricaturado, faça analogias contrastantes, esboce ideias, pense no tema, faça associações aleatórias, pense na contradição que gerou a imagem e pesquise como os artistas criam. A ideia começa com a leitura de jornais e conversa com amigos para obter informações. Na reclusão há indignação, reflexão e a descoberta de relações. Aparece um roteiro, alguns rabiscos, traços e disposição das imagens, compor vazios e finalizar. As ferramentas utilizadas são lápis, canetinha, nanquim, ecoline e lápis de cor. Na era tecnológica passaram a utilizar mesas digitais e programas de imagem. A inspiração vem da disciplina e do trabalho. Lê, arquiva, analisa, interpreta, intui, associa, joga, enfatiza, mistura, rabisca, imagina e recria. O processo criativo é inspirador, caótico, anárquico, aleatório, autoral, intuitivo, compreensível e aberto a novas perspectivas.

Durante o tempo escolar, gibis, livros e desenhos animados mediaram a arte para esses artistas, além da troca entre pares e posteriormente a visita aos museus. Sobreviveram aos desenhos mimeografados, prática ainda muito comum nos dias de hoje. A charge é uma síntese perfeita de um conhecimento e deveria ser aproveitada pela escola como experiência do imaginário. Ao contrário dos manuais e cartilhas, o processo criativo pode começar em brincadeiras mais soltas para posterior refino. Afinal de contas, almejamos uma educação libertadora ou uma técnica de treinamento e imitação? Quanto mais criamos mais qualificamos o viver.

Finalizo a obra com a charge sobre o burguês que se apossa do Estado para desviar verbas públicas da educação. A charge aponta os interesses privados com os recursos da educação pública, revela a precarização, a destruição, bem como as tentativas de desmantelamento. Os cortes bilionários que quase levaram ao desaparecimento de diversas universidades federais beneficiaram diretamente grandes corporações ligadas à Associação Nacional das Universidades Privadas (Anup). São Paulo manteve a prática abolindo os livros impressos e investindo milhões de dólares na adoção de livros digitais nas escolas estaduais, mas recuou após intensa pressão da comunidade educativa.[53]

Figura 56
A privatização da educação pública e o Caixa 2, por Bira Dantas

Considerações finais

Os anos 1990 representaram a consolidação democrática no Brasil. Charges e cartuns até então restritos aos folhetins sindicais, nas pastorais e no Salão de Humor de Piracicaba retornam aos jornais no período pós-ditadura. Parte deste texto resgata figuras que sofreram perseguições nos anos de chumbo e gritaram, junto com a personagem Mafalda: irresponsáveis trabalhando! Não só denunciaram, como levantaram as mangas e lutaram pela reconstrução democrática. Como heróis reais, mantiveram essas artes vivas em um mundo cotidiano esfacelado, atuando como vingadores que, na ponta do lápis, deram voz aos excluídos.

Para a maioria dos cartunistas entrevistados, a escola não era um espaço inspirador para a arte, que encontravam bem distante dos seus muros, nas frestas ou exatamente nos livros, gibis e colegas. A escola mantém uma clara distância entre discursos e práticas, aderindo a um modelo que conflita com a diversidade cultural dos alunos. As experiências artísticas dos artistas na infância, junto às famílias, incentivaram suas criações desde cedo, sendo o desenho animado e os gibis seus companheiros inseparáveis.

Em torno do conceito de alfabetização visual, proponho a seguinte questão: O que as imagens nos perguntam e o que perguntamos a elas? Quais os sentidos que atribuímos às imagens? Esta obra ingressou nesse mundo da apreciação, da contextualização e do fazer do desenho de costumes. Expressando sua arte, os chargistas querem ser compreendidos por uma parcela cada vez maior da população.

A caricatura se revela na deformação e o expressionismo foi a sua guinada. Aglutina múltiplos discursos articulando-os e recombinando-os: o poético, o histórico, o político e o científico. Pode-se caricaturar alguém para depreciá-lo ou reafirmar um jargão preconceituoso, porém é a capacidade de selecionar elementos representativos de sua personalidade, caráter ou posicionamento pessoal que flagra a pessoa real.

O desenho de humor convida o estudante para o debate político e cotidiano. A charge se apoia no noticiário jornalístico para uma efetiva compreensão do seu público, e o cartum busca focar determinados costumes para criticá-los. Defendo que o desenho de humor – em suas expressões HQ, caricatura, charge e cartum – constitui material com potencial educativo e criativo para gerar práticas emancipadoras que contribuam no enfrentamento a injustiça cotidiana, a violência simbólica e a desigualdade no acesso aos bens culturais.

A leitura (descrição-interpretação-reflexão) do cartum e da charge é um processo que mobiliza diferentes habilidades que compõem a alfabetização visual, potencializa o desenvolvimento estético e político do público-leitor. Nessa obra, o estudo do desenho de humor apresenta vivências criativas na escola, propondo uma reflexão do ensino da arte que incorpore o humor gráfico na educação repensando conjuntamente o processo de formação docente.

Há uma forte pasteurização no modo de expressar a realidade social. Noções como classe trabalhadora e suas lutas são deslocadas, movimentos difusos emergem muitas vezes desvinculados de demandas gerais, ainda que legítimos na luta por direitos historicamente negados, acervos da rica imprensa sindical tendem a desaparecer, reduzidos a objetos de pesquisa acadêmica. Em tempos de expansão do conservadorismo, da despolitização e da falta de empatia, elaborar uma metáfora textual ou uma analogia visual tornaram-se desafios imensos aos alunos em uma escola que perpetua modelos de ensino onde a cópia e memorização permanecem mesmo sob novos formatos.

O universo profissional do humor gráfico reúne cartunistas, chargistas, caricaturistas, desenhistas, quadrinistas sendo que alguns também atuam como ilustradores. Há aqueles que não gostam da denominação de ilustradores porque não seriam "papagaios de texto", defendendo que a imagem é autossuficiente. Referem-se a uma concepção equivocada de ilustrador como aquele que repassa o texto ao desenho. Ao contrário, o desenho exige estudo e tudo começa na ideia. A composição exige uma complexa finalização, sendo o cartum uma dança entre imagem e palavra.

Nesta obra, resgato a história de alunos que viajaram até o Salão Internacional de Humor de Piracicaba, conhecendo um espaço expositivo de arte gráfica do humor. Defendo a possibilidade de realizar exposições nos espaços escolares, invertendo espaços e tempos, tornando a aprendizagem mais prazerosa e significativa. Tornar o espaço da sala em ateliê, por que não? É possível conectar universos paralelos convidando desenhistas do bairro para conversas, exposições e oficinas? Talvez selecionar prateleiras da biblioteca criando uma gibiteca seja uma boa sugestão. E porque não organizar eventos para troca de HQs?

Retomando a sensorialidade, enfraquecida em tempos do deslizar de dedos sobre celular, é momento de criar desenhos, manusear materiais diversos, produzir e compartilhar saberes produzindo fanzines na escola. Os professores são elementos-chave nesse processo: planejando temáticas para além da rigidez curricular, propondo ações em que a arte se torna um eixo formador, rompendo silêncios e possibilitando novas configurações entre os saberes.

O desenho de humor na escola pode começar como uma brincadeira. As criações podem ser de início rabiscadas, mal traçadas, desconexas. Mas aos poucos ganham força com a pesquisa e a experimentação. A imaginação criadora dos estudantes supera, individual e coletivamente, as dificuldades com o desenho e com as imagens. Com o tempo é possível perceber o desenvolvimento dos alunos, através de novos meios de expressão e do diálogo, e o aparecimento da criticidade com alargamento de visão de mundo. É a curiosidade epistemológica tornando-se força motriz para novas aprendizagens.

A arte, em seu sentido humanizador, necessita de uma mudança de rumo da sua escolarização. Conforme reflete Barbosa,[54] temos que alfabetizar para a leitura da imagem, inserindo os estudantes em uma gramática visual, da imagem fixa e da imagem em movimento em seus múltiplos suportes. Construir novos sentidos a partir de narrativas visuais críticas e inovadoras é uma potência da arte em nossas vidas.

Notas

1. FREIRE, Paulo. *Educação como prática de Liberdade*. 22. ed. São Paulo/Rio de Janeiro: Paz e Terra, 1996, p. 132
2. MITCHELL, W. *Picture theory*. Chicago: University of Chicago, 1995, p. 16.
3. SANTAELLA, Lucia. *Leitura de imagens*. São Paulo: Melhoramentos, 2012, p. 13-14.
4. HERNÁNDEZ, Fernando. *Cultura visual, mudança educativa e projeto de trabalho*. Porto Alegre: Artmed, 2000, p. 29.
5. IZZOLINO, Marco. *Alfabetizzazione Visiva*. Itália: Alos, 2012.
6. MARX, Karl. *Manuscritos econômico-filosóficos* – terceiro manuscrito: propriedade privada e comunismo. São Paulo: Boitempo, 2004, p. 108-9.
7. PEIRCE, Charles S. *Semiótica*. São Paulo: Perspectiva, 2005, p. 46.
8. JOLY, Martine. *Introdução à análise da imagem*. Campinas: Papirus, 1996, p. 32-38.
9. Idem, p. 40.
10. Idem, p. 48.
11. DONDIS, A. *Sintaxe da linguagem visual*. São Paulo: Martins Fontes, 1991, p. 227.
12. DE-LA-BRETÈQUE, François. Imagem, Leitura e Didática. *Tréma*, 1992, p. 3-14.
13. BAUMAN, Zygmunt. *Modernidade líquida*. Rio de Janeiro: Zahar, 2001.
14. CALVINO, Italo. *Seis propostas para o próximo milênio*. São Paulo: Companhia da Letras, 1999, p. 107.
15. Palestra proferida por Jal (José Alberto Lovetro), no Jornal Folha de São Paulo, durante o evento do Programa Folha Educação, mar. 2000.
16. MARINGONI, Gilberto. Humor da charge política no jornal. *Revista Comunicação e Educação*, São Paulo, set/dez. 1996, p. 86.
17. EISNER, Will. *Quadrinhos e Arte Sequencial*. São Paulo: Martins Fontes, 1989, p. 148.
18. GOMBRICH, Ernst. *A História da Arte*. Rio de Janeiro: Zahar, 1985, p. 449.
19. EISNER, Will. Op. cit., p. 39; 45.
20. GONÇALO JUNIOR. *Sick da vida: as grandes entrevistas de Henfil*. São Paulo: Noir, 2022, p. 27.
21. Idem, p. 52
22. POSSENTI, Sírio. *Os humores da língua*. Campinas: Mercado das Letras, 1998.
23. GREIMAS, Algirdas. Semiótica plástica e semiótica figurativa. In: FABBRI, Paolo; MORRONE, Gianfranco. *Semiotica in nuce, Meltemi*, 2002, p. 196-210.
24. SANTAELLA, L.; NOTH, W. *Estratégias semióticas da publicidade*. São Paulo: Cengage Learning, 2010, p. 15.
25. BARBOSA, Ana Mae. Op. cit.
26. Jorge Larrosa. *Pedagogia Profana: danças, piruetas e mascaradas*. 4. ed., tradução Alfredo Veiga Neto, Belo Horizonte, Autêntica, 2003, p. 172.
27. BARBOSA, Ana Mae. Op. cit., p. 4.
28. Por que livros em quadrinhos foram incluídos no Programa Nacional Biblioteca da Escola? MEC. http://portal.mec.gov.br/index.php?option=com_content&view=article&id=282:por-que-livros-em-quadrinhos-foram-incluidos-no-programa-nacional-biblioteca-da-escola&catid=136:quadrinhos-do-pnbe&Itemid=230
29. BARBOSA, Ana Mae. Op. cit., p. 5. O pensamento presentacional é aquele que capta e processa a informação através da imagem e corresponde à arte.
30. F. J. C. Moura, L. A. Oliveira. Cartografia como método de pesquisa filosófica o filósofo-cartógrafo mapeando territórios, acompanhando processos e criando procedimentos de pesquisa. Fortaleza, *Revista Lampejo*, vol. 9, nº 1, p. 148.

[31] MCCLOUD, Scott. *Desvendando os quadrinhos*. São Paulo: M. Books, 2005, p. 123.

[32] Caderno Primeiros Ensaios. Fundação Bienal de São Paulo, 2020, p. 136.

[33] GONÇALO JUNIOR. Op. cit., p. 136.

[34] A palavra fanzine é uma junção dos termos *fanatic magazine* (proposto por Russ Chauvenet em 1940), portanto é produzido por um fã de revista, numa produção despretensiosa e que pode ser desde uma cópia fraca, clara, mal tirada, de uma revista simples, artesanal, até impressão de alta qualidade. Nasceu em comunidades de interessados por ficção científica. Em Henrique Magalhães, *O que é Fanzine*, Col. Primeiros Passos, n. 283, São Paulo, Brasiliense, 1993.

[35] ARAÚJO, Betania Libanio Dantas de. Anima Mundi: consciência da ação pesquisadora. In: MORAES, Ana Cristina; LIMA, Izabel Cristina Soares Silva; QUEIROZ, Juliane Gonçalves (orgs.). *Cultura(s), educação e arte nos caminhos da (auto)formação docente*. Fortaleza: EdUECE, 2023, p. 116.

[36] SANTOS, Auguste Renoir dos. A peleja do caboclo com os calango do céu. Disponível em: https://issuu.com/renoirsantos/docs/calangos-do-ceu.

[37] ORLANDO. Front comemora 15 anos do primeiro lançamento com coletânea de HQs. Blog do Orlando, 12 ago. 2016. Disponível em: https://blogdoorlando.blogosfera.uol.com.br.

[38] *A História da charge e caricatura no Brasil* contou com a publicação dos seguintes jornais e revistas: *La Caricature* (1830), em Pernambuco, *O Carcundão* (1831), em Recife, *O Carapuceiro* (1832), *Le Charivari* (1832), a primeira charge de Manuel Araujo Porto Alegre (1837), Revista *Punch - soco -* (1841*), Lanterna mágica* é o primeiro jornal a incluir as caricaturas, que até então eram vendidas à parte do jornal (1844), *Semana ilustrada* (1860), *Diabo Cocho* por Angelo Agostini (1864), *Cabrião, Ba-Ta-Clan, O Arlequim* (1867), *O Besouro, O Mosquito* (1869), *O mequetrefe* (1875), *A Revista Illustrada* (1876), *O Lobisomem, Revista da Semana* (1900), *O malho* (1902), *Fon fon* (1907), *Carte* (1908), *O Cruzeiro* (1928), *O Pasquim* (1969), *O Pasquim 21* (2002) e *Bundas*.

[39] CARVALHO, Maria Cecília Maringoni de (org.). *Construindo o saber - Metodologia científica –* Fundamentos e Técnicas. Campinas: Papirus, 1989, p. 154.

[40] FONSECA, João José Saraiva da. *Metodologia da Pesquisa Científica*. Ceará, Centro de Educação. UECE. 2002, p. 69.

[41] 150 cartunistas encerram 2001 com pizza e humor. Universo HQ, Matérias. 1 dez. 2001. Disponível em: https://universohq.com/materias/150-cartunistas-encerram-2001-com-pizza-e-humor/.

[42] No período de 1890 a 1950, trabalhos manuais e conteúdos geométricos eram usados para a Matemática no curso primário brasileiro; no entanto, sem ações artísticas para as crianças.

[43] Era mesmo de espantar, um conteúdo de Matemática incluído no currículo de Educação Artística durante a ditadura civil-militar com a lei 5692/71 coroando o tecnicismo educacional para a "capacitação" de futuros operários, desdobramento dos acordos do governo brasileiro com o governo norte-americano (MEC-USAID). Felizmente este equívoco "foi resolvido" na LDB de 1996 com a criação da disciplina de Artes com conteúdo próprio da área.

[44] SALIBA, Elias Tomé. *História cultural do humor*: balanço provisório e perspectivas de pesquisas. São Paulo, *Revista História da USP*, n. 176, 2017, p. 20.

[45] GONÇALO JUNIOR. Op. cit., p. 45.

[46] ZINKER, Joseph. *Processo criativo em Gestalt-terapia*. São Paulo: Summus, 2007, p. 43.

[47] OSTROWER, Fayga. *Criatividade e processos de criação*. São Paulo: Vozes, 1978, p. 31.

[48] ANDRADE, Mario de. Do desenho. *Aspectos das artes plásticas no Brasil*. 2. ed. São Paulo: Martins, 1975, p. 69-77.

[49] GONÇALO JUNIOR. Op. cit., p. 19.

[50] OLIPHANT, Pat. *Something under the bed is drooling*. Universal Press Syndicate, 1988.

[51] MARINO, Saulo. O escritor que nos levou da cidade para o Brasil profundo. Entrevista com Itamar Vieira Junior. *Le Monde Diplomatique*, 13 mar. 2023. Disponível em: www.diplomatique.org.br/oescritorquenoslevoudacidadeparaoBrasilprofundo.

[52] MOTTA, Rodrigo Patto Sá. *Jango e o golpe de 1964 na caricatura*. Rio de Janeiro: Jorge Zahar, 2006, p. 15, p. 29.

[53] Precarização e desmonte da educação pública e gratuita e os interesses de grandes corporações do ensino privado. Adunicamp. 17 ago. 2023. Disponível em: https://www.adunicamp.org.br/charge/charge-precarizacao-e-desmonte-da-educacao-publica-e-gratuita-e-os-interesses-de-grandes-corporacoes-do-ensino--privado/. Acesso em: 20 ago. 2023.

[54] BARBOSA, Ana Mae. Op. cit., p. 34.

Referências

ANDRADE, Mario de. Do desenho. *Aspectos das artes plásticas no Brasil*. 2. ed. São Paulo: Martins, 1975, p. 69-77.

ARAUJO, Betania Libanio Dantas de; FERNANDES, Joyce Sacramento da Conceição. Quadrinhos, educação e formação de professores. *5as Jornadas Internacionais de Histórias em Quadrinhos*. 22 a 24 de agosto de 2018. Escola e Comunicação de Artes da USP. Disponível em: <http://www2.eca.usp.br/anais2ajornada/anais5asjornadas/q_educacao/betania_joyce.pdf>. Acesso em: 7 jul. 2019.

ARAUJO, Betania Libanio Dantas de. Uma arte puxa outra. *Carta Capital na Escola*, v. 91, p. 8-66, 2007.

_____. Anima Mundi: consciência da ação pesquisadora. In: MORAES, Ana Cristina; LIMA, Izabel Cristina Soares Silva; QUEIROZ, Juliane Gonçalves (orgs.). *Cultura(s), educação e arte nos caminhos da (auto)formação docente*. Fortaleza: EdUECE, 2023.

BARBOSA, Ana Mae. *A imagem no ensino da arte*: anos 1980 e novos tempos. São Paulo: Perspectiva, 1999.

BAUMAN, Zygmunt. *Modernidade líquida*. Rio de Janeiro: Zahar, 2001.

CALVINO, Italo. *Seis propostas para o próximo milênio*. São Paulo: Companhia da Letras, 1999.

CARBONELL, Sonia (org.). *Referencial de expectativas para o desenvolvimento da competência leitora e escritora no ciclo II do ensino fundamental*: Artes. Secretaria Municipal de Educação, São Paulo, dezembro de 2006, p. 66-76. Disponível em: https://acervodigital.sme.prefeitura.sp.gov.br/wp-content/uploads/2022/02/RefExpecCicloIIArtes.pdf. Acesso em: 13 jul. 2007.

CARVALHO, Maria Cecília Maringoni de (org.). *Construindo o saber - Metodologia científica:* fundamentos e técnicas. Campinas: Papirus, 1989.

DE-LA-BRETÈQUE, François. Imagem, Leitura e Didática. *Tréma*, 2, 1992, p. 3-14.

DONDIS, Donis A. *Sintaxe da linguagem visual*. São Paulo: Martins Fontes, 1991.

EISNER, Will. *Quadrinhos e arte sequencial*. São Paulo: Martins Fontes, 1989.

FENAE Agora. *Um cidadão do paradoxo*: Para sempre, Henfil. Memória. *Fenae Agora,* maio/jun. 2005. Disponível em: https://fenae.org.br/portal/data/files/FF8080811706ED20011744DB5A954E5C/Henfil.pdf. Acesso em: 24 jul. 2008.

FONSECA, João José Saraiva da. *Metodologia da Pesquisa Científica*. Centro de Educação. Ceará: UECE, 2002.

FRANCO, Edgar Silveira. Histórias em Quadrinhos e Novas Tecnologias: A Delineação de um Universo. GT Humor e Quadrinhos. *XXIII Intercom*, 2000.

FREIRE, Paulo. *Educação como prática de liberdade*. 22. ed. São Paulo/Rio de Janeiro: Paz e Terra, 1996.

FREYRE, Gilberto. Ainda as histórias em quadrinhos. *O Cruzeiro*, Rio de Janeiro, 8 jul. 1950.

GOMBRICH, Ernst. *A História da Arte*. Rio de Janeiro: Zahar, 1985.

GONÇALO JUNIOR. *Sick da vida*: as grandes entrevistas de Henfil. São Paulo: Noir, 2022.

GREIMAS, Algirdas. Semiótica plástica e semiótica figurativa. In: FABBRI, Paolo; MORRONE, Gianfranco. *Semiotica in nuce*. Meltemi, 2002, pp. 196-210.

HENFIL. Entrevista publicada. *Status Humor*, São Paulo, n. 49/A, s/d.

_____. *Cartas da mãe*. Rio de Janeiro: Codecri, 1981.

HERNANDEZ, F. *Cultura visual, mudança educativa e projeto de trabalho*. Porto Alegre: Artmed, 2000.

IZZOLINO, Marco. *Alfabetizzazione Visiva*. Itália: Alos, 2012.

JAL. Hemeroteca escolar. *Charge*. Palestra proferida no jornal Folha de São Paulo, durante o evento do Programa Folha Educação, mar. 2000.

JOLY, Martine. *Introdução à análise da imagem*. Campinas: Papirus, 1996.

KOBAYASHI; BARREIRA. Memórias visuais nos livros infantojuvenis: a transformação nas ilustrações. In: 26º Encontro da Associação Nacional dos Pessquisadores em Artes Plásticas – Memórias e inventAÇÕES. Campinas: Anpap, 2017.

LAERTE. 1961. In: EDRA (org.) *90 Maluquinhos por Ziraldo*: histórias e causos. São Paulo: Melhoramentos, 2023.

LARROSA, Jorge. *Pedagogia profana*: danças, piruetas e mascaradas. Belo Horizonte: Autêntica, 2003.

LE MONDE. Conseils pour analyser une image: Proposée par Sciences Po et OpenClassrooms, cette fiche méthodologique, quatrième d'une série de neuf, donne, en vidéo et textes, les clés pour analyser une image. 25 maio 2016.

MARINGONI, Gilberto. *Humor da charge política no jornal*. São Paulo: Revista Comunicação e Educação, set/dez. 1996.

MARINO, Saulo. O escritor que nos levou da cidade para o Brasil profundo. Entrevista com Itamar Vieira Jr. *Le Monde Diplomatique Brasil*. 13 mar. 2023. Disponível em: <https://diplomatique.org.br/o-escritor-que-nos-levou-da-cidade-para-o-brasil-profundo/>. Acesso em: 19 jul. 2023.

MARTINS, Raimundo. A cultura visual e a construção social da arte, da imagem e das práticas do ver. In: OLIVEIRA, Marilda Oliveira de (org.). *Arte, educação e cultura*. Santa Maria: Editora UFSM, 2020.

MARX, Karl. *Manuscritos econômico-filosóficos – terceiro manuscrito:* propriedade privada e comunismo. São Paulo: Boitempo, 2004.

McCLOUD, Scott. *Desvendando os quadrinhos*. São Paulo: M. Books, 2005.

MITCHELL, W. *Picture theory*. Chicago: University of Chicago, 1995.

MOTTA, Rodrigo Patto Sá. *Jango e o golpe de 1964 na caricatura*. Rio de Janeiro: Jorge Zahar, 2006.

NEIVA, Eduardo. Imagem, história semiótica. *Anais do Museu Paulista*, Nova Série NQ1 1993. Disponível em: <www.scielo.br/j/anaismp/a/HW3J3xtyj4kYFmJ3xGpwThM/?lang=pt&format=pdf>. Acesso em: 13 out. 2000.

OLIVEIRA, Luizir de; MOURA, F. J. C. A cartografia como método de pesquisa filosófica: o filósofo-cartógrafo mapeando territórios, acompanhando processos e criando procedimentos de pesquisa. *Revista Lampejo*, Fortaleza, v. 9, p. 148, 2020.

ORLANDO. Front comemora 15 anos do primeiro lançamento com coletânea de HQs. Blog do Orlando, 12 ago. 2016. Disponível em: https://blogdoorlando.blogosfera.uol.com.br. Acesso em: 20 mar. 2017.

OSTROWER, Fayga. *Criatividade e processos de criação*. São Paulo: Vozes, 1978.

POSSENTI, Sírio. *Os humores da língua*. Campinas: Mercado das Letras, 1998.

REFERENCIAL DE EXPECTATIVAS PARA O DESENVOLVIMENTO DA COMPETÊNCIA LEITORA E ESCRITORA NO CICLO II: Caderno de orientação didática de Artes / Secretaria Municipal de Educação, São Paulo: SME / DOT, 2006.

RIANI, Camilo. *Acervo do Salão Internacional de Humor de Piracicaba*. São Carlos: Riani Costa, 1997.

ROSSI, M. H. W. A compreensão do desenvolvimento estético. In: PILLAR, A. D. (org.). *A educação do olhar no ensino das artes*. Porto Alegre: Mediação, 2006.

SALIBA, Elias Tomé. História cultural do humor: balanço provisório e perspectivas de pesquisas. *Revista História da USP*, São Paulo, n. 176, 2017.

SANTAELLA, Lucia. *Leitura de imagens*. São Paulo: Melhoramentos, 2012.

_____; NOTH, W. *Estratégias semióticas da publicidade*. São Paulo: Cengage Learning, 2010.

SANTOS, Auguste Renoir. HQ e um textão. *Casa Locomotiva*, 15 abril 2020. Disponível em: <https://www.casalocomotiva.com.br/comunidade/divulgue-seu-trabalho/hq-e-um-textao>. Acesso em: 21 jan. 2021.

SANTOS FILHO, Alexandre Silva dos. Comunicação televisual na experiência estética das crianças. In: BIEGING, Patricia; AQUINO, Victor (orgs.). *Olhares do sensível*: experiências e dimensões estéticas em comunicação. São Paulo: Pimenta Cultural, 2014.

SILVA, Enock Douglas Roberto da. *Imagens ressacadas*: a representação iconográfica do Nordeste nos livros didáticos de história. São Paulo: Pimenta Cultural, 2020.

SILVA, Michele. Em Arte, é preciso ensinar a ler textos sem palavras. *Revista Nova Escola*. São Paulo, 01 de janeiro de 2010. Disponível em: <https://novaescola.org.br/conteudo/3342/em-arte-e-preciso-ensinar-a-ler-textos-sem-palavras>. Acesso em: 5 jun. 2010.

ZINKER, Joseph. *Processo criativo em Gestalt-terapia*. São Paulo: Summus, 2007.

A autora

Betania Dantas é autora de livros sobre educação, arte e memória. Atuou na educação básica e superior nas redes pública e privada de ensino e nas Oficinas Culturais do Estado de São Paulo. É graduada em Educação Artística – Artes Plásticas pela Faculdade de Belas Artes, mestra em Artes Visuais pela Universidade Estadual Paulista (Unesp) e doutora em Educação pela Universidade de São Paulo (USP). Foi premiada pelo Arquivo Histórico Municipal da Cidade de São Paulo com a obra *História dos Bairros de São Paulo*. Produziu um dos painéis para o Centenário da Escola Prudente de Moraes, participou também em múltiplas linguagens das artes. Ministra cursos de arte para educadores, sendo atualmente professora da Universidade Federal de São Paulo (Unifesp).

Este livro não existiria sem...

Meu querido companheiro, que leu esta obra e fez sugestões preciosas, meu porto seguro, *The promenade* de Marc Chagall.

Maninho, que me apresentou o Salão de Humor de Piracicaba, os folhetins, os movimentos e algumas das obras que li desde a adolescência.

Os cartuns de Bira Dantas, Márcio Baraldi e Henfil (com agradecimentos especiais ao seu filho Ivan).

Os cartunistas que possibilitaram a entrevista e que são muito estudiosos.

Os(as) estudantes, que durante décadas fizeram da sala de aula um lugar bacana da escola. Antropofagicamente souberam devolver produções inimagináveis e estiveram nas montagens das exposições semestrais, nos museus, nas audições e nos teatros. O mais interessante não é o que aprendem com o professor, mas sim o que reinventam. Uma parte deles seguiu o mundo das artes e saber que o descobriram na escola faz da educação um dos melhores lugares da vida.

Ao Pel, pelo acompanhamento criativo quando tudo começou e que junto com Monica montaram dias superdivertidos no ateliê. Ao professor Santoro, de História da Arte, que me apresentou Sampa pelos museus nos anos 1980 e foi o primeiro a pensar materiais de mediação artística para a educação no Brasil, com reconhecidas homenagens. À professora Eunice, por nos apresentar Paulo Freire no curso técnico.

GRÁFICA PAYM
Tel. [11] 4392-3344
paym@graficapaym.com.br